すぐに使える

韓国語
アクティビティ
45

JAKEHS教室活動集編集チーム

白帝社

＊この図書は、学校法人金井学園の助成を得て刊行されました。

はじめに

　私たち教師は日々高等学校で韓国語の指導にあたりながら、授業のあり方について悩み、考え、工夫と実践を繰り返しています。「生徒たちが韓国語に興味を持ち積極的に授業に参加して韓国語の力をつけるためにはどうしたらよいだろうか？」－この問いは、多くの教師が共有しているものでしょう。

　私たちはこれまで、教師間での研修会を通して、授業についての情報交換を行ってきました。その中では、「授業中に韓国語を使うゲームをしたところ生徒が生き生きとしていた」「韓国語で互いのことを尋ね合うアクティビティをしたら生徒同士が親しさを増しクラスの雰囲気が和らいだ」など、アクティビティを生かした授業の成功例がいくつも報告されました。このように、アクティビティには教室の明るい雰囲気作り、コミュニケーションの活性化など、韓国語を学ぶ上で有意義な効果があることがわかりました。

　さらにその成功例をもとに各自がそのアクティビティを授業で実践してみた結果、生徒が積極的に参加し、授業が活性化するなど、授業に明らかな改善がみられたという報告があった一方で、いまひとつ方法がわからずに期待していた効果が得られなかったケースが報告されました。私たちはこの結果の違いを、教師のアクティビティに関する知識不足によるものではないかと考えています。それぞれのアクティビティには、それを実施する目的と、生徒の学習段階に合った適切な方法があるはずです。まずは教師が様々なアクティビティの目的・方法に対する知識と技術を十分に身につける必要があるのではないでしょうか。そして、アクティビティに関する引き出しを数多く持つことが授業の活性化につながるのではないかと思います。

　言語教育の分野では言語ごとに効果的な授業のための取り組みが行われており、英語や日本語教育の分野では授業の活性化を目指すアクティビティに関する本が既に多く発行されていますが、韓国語教育の分野ではそれがまだ十分ではありません。しかし、これまで多くの成功例が報告されているように、授業を活性化させるヒントは、教師一人一人が持っています。多くの教師が持っているそうした実践例を、誰にでもわかりやすい記述でまとめて一冊の本にしたら、韓国語教育に携わっている人々にとって有益なものとなるのではないか。さらには韓国語教育の質の向上が期待できるのではないか。本書はこうした話し合いの中から生まれました。

　着想の段階で高等学校の教師たちに情報提供を呼びかけたところ、韓国語の音や文字を導入するためのアクティビティ、韓国のことを伝えるためのアクティビティ

など多様な情報が多く寄せられました。私たちはそれらを誰にでもわかりやすく、実践・応用しやすい内容にするように腐心し、一冊の本にまとめました。なお、本書では、「アクティビティ」という言葉を、教室の中で行われるさまざまな練習・コミュニケーション活動すべてを含むものとして捉えています。この本に掲載されたものは、現場で活躍する韓国語教師たちの努力の結晶であり、現在高等学校の教育現場で実践されている生きたアクティビティの数々です。ぜひ常に傍らに置いて皆さんの教室で活用していただきたいと思います。

　最後に本書の出版にあたり多大なご協力をいただきました白帝社、財団法人国際文化フォーラム、在日本韓国YMCAに深く感謝申し上げます。

JAKEHS教室活動集編集チーム

本書の編集方針

　本書は JAKEHS（高等学校韓国朝鮮語教育ネットワーク）の会員が授業で実際に活用しているアクティビティを集めたものです。会員から寄せられたアクティビティを吟味し、なるべく多くの教室で使ってもらえるように編集しました。また、複数の会員から類似した内容のアクティビティが送られてきた場合は、一つのアクティビティにまとめています。

本書の構成と使い方

　本書は7つのカテゴリーで構成されています。はじめの2つは、韓国語を使ったコミュニケーションをするアクティビティ、韓国語を使って作品をつくるアクティビティです。他の5つは、コミュニケーションをする上で必要な単語、数詞、文字をおぼえるためのアクティビティです。文字学習のアクティビティは、文字をおぼえるためのものと、文字を習得した段階で読み書きを総合的に練習するためのものに分けました。
　各カテゴリーに分類されたアクティビティは、提供者が実際の授業でどのような学習目標を達成するために活用したかによって分類したものですが、他の学習目標を達成するためにこれらのアクティビティを応用することもできます。
　各アクティビティの「概要」には、アクティビティの概要、所要時間、レベル、形態、人数が書かれています。「レベル」はそのアクティビティを使うのに適していると思われる時期を示しています。週100分程度の授業時間を基準として、韓国語を学習し始めて1年目前期、1年目後期、2年目前期などとしました。
　「何のためのアクティビティ？」は、そのアクティビティの目標です。各章は目標で分類されていますが、この欄にはさらに細かい目標を書いています。
　「使用語彙・文型例」には、そのアクティビティの中で使う語彙や文型を提示しました。既習・未習を問わず、アクティビティを通して提示したり、練習したりするものです。時間配分によっては、1時間前の授業時に提示することも考えられます。また、ここに挙げたものは一例であり、それぞれのアクティビティが、この語彙例や文型例にしばられるものではありません。
　「準備」は、教師が授業前に準備する事がらです。〈ダウンロード可能〉〈巻末付録参照〉という表示があるワークシートは、次のホームページから無料でダウンロー

ドすることができますし、巻末付録のワークシートからコピーをして使うこともできます。＊白帝社ホームページ https://www.hakuteisha.co.jp/news/n54546.html

　「バリエーション」では、紹介したアクティビティを、みなさんがそれぞれの教室で応用するためのヒントを挙げました。これに関わらず、アクティビティはいろいろと応用が可能ですので、みなさんも考えてみてください。

　「アクティビティのすすめ方」では、順を追ってすすめ方を示しました。文型や語彙の提示・練習が必要なものは、その最初に示してあります。必ずしもその時間内に行うということではなく、アクティビティを行う前に提示しておくものです。

　「現場からのひとこと」には、提供した教師がそのアクティビティを実施した感想やコメントを載せています。

　本書で扱うアクティビティは主に高等学校の韓国語授業に合わせた内容にしていますが、大学や市民講座でも広く応用できます。高等学校の韓国語授業は１年２単位課程が多く、１年に約 60 時間の授業で、いわゆる入門課程です。大学や市民講座などでの入門課程の授業ならそのまま活用できます。

　一つのアクティビティを使ってみると、そこからさらにアイディアを思いつき、授業で教室アクティビティの効果、楽しさ、大事さを実感できると思います。是非とも皆さんの教室でも活用してみてください。

＊白帝社ホームページへスマートフォンからアクセスする場合は、以下の QR コードを読み取ってください。

目次

I コミュニケーションをするアクティビティ 2
  1 インタビュービンゴ！ 2
  2 昨日何やった？ 4
  3 公園はどこにある？ 6
  4 このボールペン誰の？ 8
  5 これは何という意味？ 10
  6 趣味は何ですか？ 12
  7 職員室突撃インタビュー 14
  8 名刺を交換しよう 16

II 作品をつくるアクティビティ 18
  9 自己紹介ファイルの作成 18
  10 ハングル作品 20

III 韓国語の音にかかわるアクティビティ 22
  11 エチュイって何の音？ 22
  12 この漢字語わかる？ 24
  13 動物の鳴き声 26

IV 単語をおぼえるアクティビティ 28
  14 カバンの中のもの 28
  15 恋ってシャーペン 30
  16 ジェスチャーゲーム 32
  17 スムゴゲ 34
  18 誰の目ですか？ 36
  19 単語ウェブ 38
  20 単語カルタ: 個人対抗 40
  21 単語カルタ: グループ対抗 42
  22 単語探しシート 44
  23 ハナ・トゥル・バナナ！ 46
  24 ビンゴ！ 48

V 数詞の練習のアクティビティ 50
  25 上かな？下かな？ 50
  26 韓国の記念日 52

27	3人集まれ！	54
28	四則演算	56
29	数詞カルタ	58
30	何時ですか？	60

Ⅵ 文字をおぼえるアクティビティ 62

31	辞書引き競争	62
32	新聞も読めます	64
33	台風の名前	66
34	どこの国？	68
35	早く、早く！	70
36	ハングル ナンプレ	72
37	ハングルパズル	74
38	ハングルの法則探し	76
39	ハングル読み書き	78
40	物語の並べ替え	80
41	私の席はどこ？	82

Ⅶ 書きの総合練習のためのアクティビティ 84

42	詩の朗読	84
43	タルリヌン パダッスギ	86
44	天気予報	88
45	伝言ゲーム	90

●巻末付録●　ワークシート　　3　5　11　13　22　24　26　28　30　31
　　　　　　　　　　　　　　　33　34　36　37　38　39　40　42　43　44

すぐに使える

韓国語アクティビティ45

Ⅰ コミュニケーションをするアクティビティ
1 インタビュービンゴ！

인터뷰 빙고

概要
☐ 生徒同士で行きたい国などについてインタビューをした後、ビンゴシートをつくり、ビンゴをします。 ☐ 時間　　30分 ☐ レベル　1年目前期以降 ☐ 形態　　個人対抗　　　　　☐ 人数　10人以上

何のためのアクティビティ？
行きたい国がどこかを聞き、答えることができるようになります。

このアクティビティをするためには…
ハングルを読み書きできることが必要です。

使用語彙・文型例
・어느 나라에 가고 싶어요?
・〜에 가고 싶어요
・한국, 중국, 스위스, 영국…

生徒名		
国名		

ビンゴシート

準備
・メモ用紙（人数分、行きたい国を書いて提出するためのもの）
・ビンゴシート（人数分、3×3のマスが書かれていて、各マスには上下段がある）
・A4用紙（人数分、ビンゴシートの内容をハングルで書くためのもの）

バリエーション
インタビューの内容は、趣味、好きな食べ物、昨日食べた物などでもよいでしょう。

アクティビティのすすめ方

1 ことばの準備
「어느 나라에 가고 싶어요?」「〜에 가고 싶어요.」など、生徒が行きたい国名を入れて、練習します。

2 行きたい国を決める
生徒は行きたい国と名前をメモ用紙に書き、教師が回収します。

3 インタビューをしてビンゴシートをつくる
生徒はビンゴシートを持って教室内を移動し、任意の生徒9名にインタビューをします。シートの各マスの上段には相手の名前を、下段には行きたい国を日本語で書き入れます。

4 ビンゴをする
教師は、回収したメモの国名を韓国語で言っていきます。
生徒はシート上でその国名を探し、チェックを入れます。
（別の生徒の名前で同じ国名が入っていることもあります）

5 ビンゴの確認
ビンゴになった生徒は「ビンゴ！」と叫び、ビンゴの列の3人分を「〇〇씨는 △△에 가고 싶어요」と報告し、教師はメモから確認します。3人がビンゴになったらゲームを終了します。

6 まとめ
生徒に白紙を配ります。生徒は各マスの生徒名と国名をすべてハングルで書きます。教師が回収し、チェックします。

Ⅰ コミュニケーションをするアクティビティ

2 昨日何やった？

어제 뭐 했어요?

概要
☐ ペアで、互いに昨日したことを聞き合います。その答えについて教師の質問に答えます。 ☐ 時間　　15分 ☐ レベル　1年目前期以降 ☐ 形態　　ペア作業　　　　　☐ 人数　4人以上

何のためのアクティビティ？

前日に何をしたかを聞き、答えることができるようになります。

使用語彙・文型例

- 어제 뭐 했어요?
- ~았/었어요

準備

特にありません。

注意する点

行く、食べる、乗る、会うなど単語を口語練習したうえで行うと効果的です。
原形から過去形を作る文法を学ばなくても、十分表現することができます。

現場からのひとこと

過去形を学習してから、毎回、授業の初めに質問すると、最初は話せないと思っていた生徒も、3、4回やると繰り返しているので話せるようになり、自信につながります。

バリエーション

やりとりに、「何時に」や「どこで」を加えることもできます。

アクティビティのすすめ方

1　言葉の準備

「어제 뭐 했어요?」

生徒が使うと予想される動詞の過去形を練習します。

갔어요, 공부했어요, 먹었어요 など。

目的語や場所なども既習の場合は、その練習もしておきます。

2　ペアをつくる

3　相手が昨日したことを尋ねる

相手が昨日したことを聞きます。

生徒A：어제 뭐 했어요?

生徒B：친구를 만났어요.

4　教師の質問に答える

教師は、生徒Aに対して生徒Bについて尋ねます。

教師：A 씨, B 씨는 어제 뭐 했어요?

生徒A：B 씨는 어제 친구를 만났어요.

生徒全員が質問に答え終えたら終了です。

I コミュニケーションをするアクティビティ

3 公園はどこにある？

공원이 어디에 있어요?

概要
- ペアが互いに情報の異なる地図を見ながら、相手が質問した場所を教え合います。
- 時間　　20分
- レベル　1年目前期以降
- 形態　　ペア作業　　　　　　□ 人数　2人以上

何のためのアクティビティ？

施設がどこにあるかを聞き、答えることができるようになります。互いに自分の知らない情報を交換するので、コミュニケーションをする必然性が生まれ、自然な流れで生徒が韓国語を使うことができます。

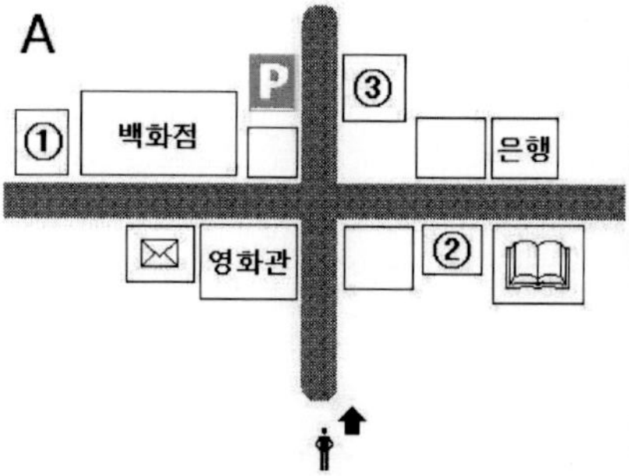

使用語彙・文型

- 왼쪽, 오른쪽, 앞, 옆, 뒤…
- 도서관, 백화점, 편의점, 식당…
- ～는/은　　・～가/이
- ～에 있어요

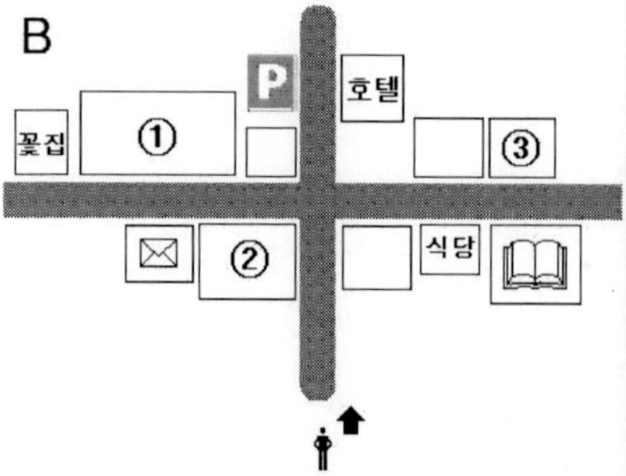

準備

ワークシートAとB（クラスの半分にAを、もう半分にBを配る。ワークシートAとBには、同じ地図だが、それぞれ別の施設名が数字になっている。欄外に探すべき施設名のリストがある）〈ダウンロード可能〉〈巻末付録参照〉

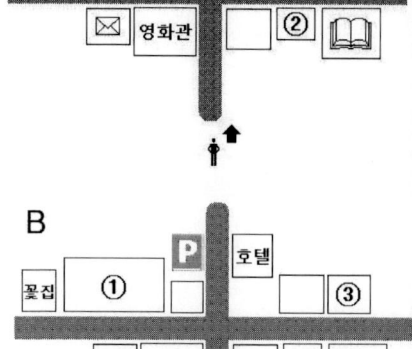

注意する点
お互いに地図を見せ合わないように注意します。

バリエーション
位置に関する表現のほか、「曲がる」「直進する」などの動詞表現を学べば、道案内もできます。

アクティビティのすすめ方

1 言葉の準備
「~ 어디에 있어요?」や、位置を表す表現を確認します。

2 ペアをつくる
生徒をペアにし、ペアの一方（A）に地図Aを、もう一方（B）に地図Bを配布します。

3 リストにある施設の位置を尋ねる
生徒A：영화관이 어디에 있어요?
生徒B：영화관은 우체국 옆에 있어요.

4 施設の位置を探し、番号を書く
ワークシートの下線に施設の位置を番号で記入します。聞き役と答え役を交代しながら、リストにある施設を全て記入したら完成です。

5 答え合わせ
ペアで地図を見せ合い、正しい場所に記入できているかチェックします。

Ⅰ コミュニケーションをするアクティビティ

4 このボールペン誰の？

이 볼펜 누구 거예요?

概要
☐ 生徒の持ち物を集めて、1つずつ誰のものかを尋ねます。 ☐ 時間　　15分 ☐ レベル　1年目前期以降 ☐ 形態　　個人対抗　　　　　　☐ 人数　5～15人程度

何のためのアクティビティ？
目前にある物が誰のものであるかを聞き、答えられるようになります。

使用語彙・文型例
・볼펜, 지우개, 노트, 교과서…
・이 ～ 누구 거예요?
・제 거예요.
・～씨 거예요
・모르겠어요

準備
・袋1つ（透明でないもの）

現場からのひとこと
生徒が出す物が偏らないようにした方がよいでしょう。

アクティビティのすすめ方

 持ち物を集める
生徒から任意の持ち物を1つずつ出してもらい、教卓または前方の机に置きます。

⬇

 質問①
教師が品物を1つずつ「이 ~ 누구 거예요?」と質問しながら袋に入れます。習っていない単語はその場で教師が教えます。

⬇

 答え①
持ち主の生徒は「제 거예요.」と言います。（最初の生徒のときに教師が「제 거예요.」と提示します）
品物すべてについて質問①と答え①を繰り返します。すべての品物について聞き終ったら質問②に進みます。

⬇

 質問②
生徒を1人ずつ前に呼びます。呼び出された生徒は、袋の中から品物を1つ取り出し、他の生徒を1人指名して、「~씨, 이 ~ 누구 거예요?」と質問します。

⬇

5 答え②
指名された生徒が持ち主を知っている場合は「~씨 거예요.」と答えます。品物は持ち主に返します。
指名された生徒が持ち主を知らない場合は「모르겠어요.」と答えます。質問する生徒は全員に向かって「이 ~ 누구 거예요?」聞きます。持ち主が「제 거예요.」と言ってその品物を受け取ります。全員が質問し終えたら終了です。

I コミュニケーションをするアクティビティ

5 これは何という意味？

이거 무슨 뜻이에요?

概要
☐ ペアが互いに単語の読み方と意味を尋ねます。
☐ 時間　　20〜40分
☐ レベル　1年目後期以降
☐ 形態　　ペア作業　　　　　　☐ 人数　2人以上

何のためのアクティビティ？

知らない単語の読み方や意味を聞き、答えられるようになります。

使用語彙・文型例

- 漢数詞
- 〜번은 어떻게 읽어요？
- 무슨 뜻이에요？
- 일본말로 〜예요/이에요

準備

ワークシートAとB（クラスの半分にAを、もう半分にBを配る。ワークシートA、Bにはどちらも同じ単語が書かれているが、それぞれ別の単語の意味が空欄になっている。また、モデル会話も書かれている）〈ダウンロード可能〉〈巻末付録参照〉

注意する点

ハングルが読めないクラスではスムーズに進行しません。

A

1	영화 映画	2	드라마	3	노래 歌	4	운동
5	토끼	6	고양이 猫	7	돼지	8	개 イヌ
9	커피 コーヒー	10	맥주	11	우유 牛乳	12	라면
13	꽃	14	옷 服	15	모자	16	구두 くつ

B

1	영화	2	드라마 ドラマ	3	노래	4	운동 運動
5	토끼 うさぎ	6	고양이	7	돼지 ぶた	8	개
9	커피	10	맥주 ビール	11	우유	12	라면 ラーメン
13	꽃 花	14	옷	15	모자 帽子	16	구두 くつ

生徒は用紙に書かれた順番通りに進める傾向があるので、簡単そうな単語から作業するよう指示をしておくとよいでしょう。

現場からのひとこと
ワークシートの単語の数を減らす方が、コミュニケーション活動に効果的です。

バリエーション
・単語を入れ替えたり動詞や形容詞を使って進めることもできます。
・初めて見る単語だけでなく、前に習った単語の復習にも使えます。
・1人ずつ当てたり、全員の前で発表させることもできます。

アクティビティのすすめ方

1 ことばの準備
「〜번은 어떻게 읽어요?」
「무슨 뜻이에요?」
質問の練習をします。使用単語の練習はしません。

2 ペアをつくる
生徒をペアにし、ペアの一方（A）にワークシートAを、もう一方（B）にワークシートBを配ります。

3 読み方を聞く
自分のシートで意味が書かれていない単語の読み方を聞きます。
「1 번은 어떻게 읽어요?」
相手の生徒は自分のシートを見ながら「영화예요.」と答えます。

4 意味を聞く
次にその単語の意味を聞きます。「무슨 뜻이에요?」相手の生徒はシートを見て意味を「일본말로 えいが예요.」と答えます。答を記入します。

Ⅰ コミュニケーションをするアクティビティ

6 趣味は何ですか？

취미 뭐예요?

概要
□ ペアで互いの趣味を聞き合い、パートナーの答えをみんなに発表します。 □ 時間　　15分 □ レベル　1年目前期以降 □ 形態　　ペア作業　　　　　□ 人数　4人以上

何のためのアクティビティ？
趣味が何かを聞き、答えることができるようになります。また、その情報を第三者に伝えることができるようになります。

使用語彙・文型例
・취미 뭐예요?
・～예요/이에요
・～씨 취미는 ～예요/이에요
・독서, 수영, 등산, 쇼핑…

準備
・A4の白紙（人数分、クラスの他の生徒の発表内容を聞きとって書くためのもの）

現場からのひとこと
「ふだん親しくない人とも話すことができて良かった」という感想もあるので、いろいろな人とペアを組ませるようにしましょう。

バリエーション

趣味以外にも好きな食べ物、運動、歌手、住まいなどで行うことが可能です。発表のときに生徒が書き取っておくのは日本語でも韓国語でも可能です。

アクティビティのすすめ方

```
1  言葉の準備
「취미 뭐예요?」
「〜예요/이에요.」
「〜씨 취미는 뭐예요?」
の表現を練習し、趣味の語彙を確認します。
```
⇩
```
2  ペアをつくり、互いに相手の趣味を尋ねる
生徒A：취미 뭐예요?
生徒B：여행이에요.
```
⇩
```
3  白紙を配布する
```
⇩
```
4  発表
生徒は1人ずつ、ペアの相手の趣味を発表します。
生徒A：B씨 취미는 여행이에요.
他の生徒は聞き取った内容を、配られた白紙に書き取ります。
教師も生徒の発表内容をメモしておきます。
```
⇩
```
5  書き取った紙を回収
全ての生徒が発表し終えたら終了です。生徒が書き取った紙を教師が回収します。
```

Ⅰ コミュニケーションをするアクティビティ

7 職員室突撃インタビュー

교무실 돌격 인터뷰

概要
□ ペアで職員室の先生にインタビューに行き、その結果を発表します。
□ 時間　30分
□ レベル　1年目前期以降
□ 形態　ペア作業　　　　　□ 人数　4人以上

何のためのアクティビティ？
血液型などの先生に関する情報について、言えるようになります。

使用語彙・文型例
・〜씨는 A 형이에요?　B 형이에요?
・〜형이에요.

準備
・メモ用紙（ペアの数分）
・職員には、一度だけ答えるように事前にお願いしておきます。

注意する点
教師は、その時間に職員室にいそうな教師が誰か、事前に把握しておきましょう。

現場からのひとこと
生徒のレベルに合わせて、答えやすいように質問の仕方を工夫しました。また、生徒が途中であきらめてしまう可能性を考え、協力しながらできるようにペアにしました。

バリエーション
趣味、好きな食べ物など、様々な話題を扱うことができます。

アクティビティのすすめ方

1 言葉の準備
生徒同士で練習します。 「〜씨는 A형이에요? B형이에요?」 「〜형이에요.」

⇩

2 ペアをつくる

⇩

3 職員室突撃
職員室に行き、できるだけ多くの先生の血液型を日本語で聞き、白紙にメモします。制限時間は教室を出てから戻るまで10分とします。

⇩

4 韓国語で発表
教師がどの先生が何型か聞き、生徒は早いもの順で答えます。答えた生徒には1点与えます。 教師：〜선생님은 A형이에요? B형이에요? 生徒：B형이에요.

⇩

5 勝敗
教師の質問が終わったところで得点が一番多かった生徒が勝ちです。

Ⅰ コミュニケーションをするアクティビティ

8 名刺を交換しよう

명함 교환

概要
□ ハングルで名刺を作り、自己紹介し合います。
□ 時間　　15～30分
□ レベル　1年目前期
□ 形態　　個人作業
□ 人数　　4人以上

何のためのアクティビティ？

自分の名前をハングルで書けるようになります。また、自己紹介の基本的フレーズが言えるようになります。

使用語彙・文型例

・이름이 뭐예요?

・저는 ～입니다

・반갑습니다

準備

・名刺サイズの紙（1人3～5枚）

・提出用白紙（人数分）

注意する点

・何も言わずに名刺だけを渡したり、あいさつを省略したりしていないか、生徒の動きを見ながらしっかりチェックします。

・全員が手持ちの名刺を交換できるように教師が目配りする必要があります。

バリエーション
名刺に、学校名、学年、趣味や部活などを加えて、幅をもたせることができます。

アクティビティのすすめ方

1　言葉の準備
「이름이 뭐예요?」
「저는 ~입니다.」いくつか名前も入れて練習します。
「반갑습니다.」
その他、안녕하세요?などのあいさつを入れることもできます。

2　紙を配布する
名刺サイズの紙を1人3～5枚ずつ配布します。

3　名刺を作る
生徒は配られた紙すべてに自分の名前をハングルで書き、名刺を作ります。

4　名刺交換する
その名刺を持って教室内を移動し、自己紹介をしながら名刺を交換します。
「저는 ~입니다.」「반갑습니다.」
1人目との交換が終わったら、別の生徒と名刺を交換します。

5　席に戻る
手元に自分の名刺がなくなった生徒から席に戻ります。

6　名簿づくり
生徒に白紙を配ります。生徒はもらった名刺をハングルとかなで書き写し、リストを作ります。リストは教師が回収します。

II 作品をつくるアクティビティ
9 自己紹介ファイルの作成

자기소개 파일 만들기

概要
□ パワーポイントを用いて、音声入り自己紹介ファイルを作ります。
□ 時間　　制作1時間、発表1人2分
□ レベル　1年目前期以降
□ 形態　　個人作業　　　　　　□ 人数　3人以上

何のためのアクティビティ？
自己紹介の内容を音声ファイルとして記録し、視覚的な材料とあわせて発表します。パワーポイントで自分のファイルを作ることにより、自分をわかりやすく楽しく伝える方法を考えます。

このアクティビティをするためには…
簡単な自己紹介ができることが前提です。パワーポイントのスキルが必要です。

準備
・写真（生徒が準備）　・PC　・マイク

注意する点
音声の録音は1人1人行うので時間がかかるため、宿題にする方法もあります。自分の声を録音することに抵抗感を示す生徒もいるので、確認してから行ったほうがいいでしょう。

現場からのひとこと
実際の授業では制作したファイルを韓国の生徒と交換したので、目的がはっきりしており、生徒たちは意欲的に取り組んでいました。

バリエーション

名前を伏せて好きな物（食べ物、スポーツ、芸能人）などについて紹介する音声を聞かせ、誰の好きなものかを当てさせた後に、写真を見せる方法もあります。また、パワーポイントを使用せず、自分の写真や好きなものなどを持ってきて、実物を見せながら、自己紹介してもいいでしょう。

アクティビティのすすめ方

> **1　事前準備**
> 教師は予め、使用する生徒の写真をパワーポイントに入れておきます。

> **2　自己紹介文の作成**
> 生徒は自己紹介（名前、学校名、学年、家族、趣味など）の文面を日本語で考えます。教師がそれを韓国語に翻訳したものを用意し、それぞれに渡します。

> **3　自己紹介文の練習**
> 自己紹介文を韓国語で発音練習します。

> **4　音声の録音**
> その音声をパワーポイントに録音します。

> **5　発表会**
> パワーポイントが完成したら、クラスで発表会を行います。

II 作品をつくるアクティビティ
10 ハングル作品

한글 작품

概要

- 韓国の歌や詩を学び、歌詞や詩をハングル作品に仕上げます。
- 時間　1～2時間
- レベル　1年目後期以降
- 形態　個人作業
- 人数　3人以上

何のためのアクティビティ？

韓国で広く知られている歌や詩を通して、韓国文化の一端に触れることができます。ただ書き写すのではなく、暗唱や朗読とセットにすることで、歌詞の内容の理解を深めます。

このアクティビティをするためには…

ハングルをひと通り習っていることが必要です。

準備

・太めのボールペン、フェルトペン、カラーペンなど
・B5用紙（生徒が作品を書くための白または色紙）
・台紙用（B5より大きめの色画用紙、人数分より多めに）
・歌詞が書かれた手本（活字で作る、生徒が選べるように複数用意）
（例）「세노야」、「우리나라」、「아리랑」、「서시」（尹東柱）、「진달래」（金素月）、ドラマの主題歌など。
※手本は手書きでなく、パソコンなどで作ります。生徒が「活字体」を見て文字を理解して書いているかを教師が判断するためです。例えば、理解できていない場合、ふだん「ス」と書いているのに、「ㅈ」と書き写すことがあります。

現場からのひとこと
朗読が得意な生徒、文字、絵を書くのが好きな生徒など、生徒それぞれが得意なこと・好きなことで自分を表現する機会になり、作品として残ります。

バリエーション
B6判の色紙で、イラストやメッセージを加えて友達への年賀カードなどを作ったり、交換することができます。名前をハングルで書く授業とも関連させられます。

アクティビティのすすめ方

1 歌を紹介する
教師が朗読したり、音楽を聞かせたりして紹介します。

⇩

2 歌を選ぶ
生徒は好きな歌を選び、教師が歌詞の手本を配布します。

⇩

3 発音練習
各自、歌詞を見ながら発音練習します。

⇩

4 作品を書く
B5用紙を配り、生徒は手本を見ながら作品を書きます。イラストでカラフルに仕上げてもいいでしょう。

⇩

5 台紙に貼り、仕上げます
生徒が選んだ好きな色の台紙に、B5用紙を貼れば、完成です。

⇩

6 発表する
練習した歌詞をクラスで、生徒自ら朗読発表します。

III 韓国語の音にかかわるアクティビティ

11 エチュイって何の音？

'에취'는 무슨 소릴까요?

概要
☐ 教師が読み上げる擬声擬態語の発音を聞き、何の音を表しているのかを当てます。
☐ 時間　　5分
☐ レベル　1年目前期以降
☐ 形態　　個人作業　　　　　☐ 人数　1人以上

何のためのアクティビティ？
ハングルと発音を結びつけるとともに、日本語と韓国語の擬声擬態語の違いを学びます。

このアクティビティをするためには…
ハングルの読み方を学習していることが必要です。

準備
ワークシート（人数分、韓国語と日本語による擬声擬態語のリスト）
〈ダウンロード可能〉〈巻末付録参照〉

現場からのひとこと
身近な話題なので生徒の反応はよかったです。

バリエーション
風邪や腹痛、頭痛等の話題と組み合わせて授業を組み立ててもよいです。

アクティビティのすすめ方

1 ワークシートを配る

2 聞き取り
教師が韓国語の擬声擬態語を読み上げます。生徒はカタカナで発音を書き取り、韓国語のリストからその発音にあった擬声擬態語を選びます。また、日本語のリストから同じ音を表す擬声擬態語を選びます。

3 答え合わせ
すべてを読み終えたら、もう一度発音を聞きながら全員で答えを確認します。

---

11. エチュイって何の音

1 先生の発音をカタカナで書き取ってみましょう。
2 それを表しているハングルを、下の表から選んで書き入れましょう。
3 それと同じ、日本語をしたから選んで書き入れましょう。

	カタカナ	ハングル	日本語で
1			
2			
3			
4			
5			
6			

ハングル
콜록콜록　에취　쑥쑥　쿵　딩동　따르릉

日本語
ゴホンゴホン　ピンポン　リンリン　ハクション　ドスン　グングン

III 韓国語の音にかかわるアクティビティ

12 この漢字語わかる？

이 한자어 알아요?

概要
□ 教師が読み上げる韓国語の発音をひらがな、またはカタカナで書き取り、その意味を推測して日本語で書きます。 □ 時間　　10分 □ レベル　1年目前期以降 □ 形態　　個人作業　　　　　□ 人数　1人以上

何のためのアクティビティ？
韓国語には、日本語と発音や意味が似ている漢字語があることを実感して、韓国語への親近感と興味を持てるようにします。

このアクティビティをするためには…
韓国語をまったく学習していない段階でも実施できます。

準備
ワークシート（人数分、生徒が単語の音と意味を書き取るためのもの）

使用語彙・文型例
간단　지리　약속　무시　무단　도착　기분　기억　교과서　도서관　가족　산보　시민　도시　산소　온도　사기　사진　여유　고속도로　민주주의

注意する点
文字は提示しません。

現場からのひとこと
意外と生徒の反応がよかったです。

アクティビティのすすめ方

 カタカナで書き取る
教師が発音する単語を、生徒がカタカナで書き取ります。
教師:「계산」「약속」「도착」…

⬇

 意味を考える
発音が聞き取れたら、その単語の意味も考えさせます。

⬇

3 答え合わせ
いくつかの単語を読み上げた後、答え合わせを行います。
すべて漢字語だということを説明します。

Ⅲ 韓国語の音にかかわるアクティビティ

13 動物の鳴き声

동물 울음 소리

概要
- 教師が読み上げる擬声語の発音を聞き、何の動物の鳴き声かを当てます。
- 時間　　10分
- レベル　1年目前期以降
- 形態　　個人作業
- 人数　　1人以上

何のためのアクティビティ？
韓国語で動物の鳴き声をどう表現するかを学びます。同時にハングルに慣れます。動物の鳴き声を使うことにより、韓国語に親近感を持たせます。

このアクティビティをするためには…
ハングルをひと通り習った段階で行います。ただし、ハングルの読み書きができない生徒でも参加できます。

準備
ワークシート（人数分）〈ダウンロード可能〉〈巻末付録参照〉

現場からのひとこと
十二支に関する授業と組み合わせたり、動物の鳴き声を題材に会話練習へと発展させることができます。

バリエーション
・中級以上のクラスでは、語群を提示しなくてもいいでしょう。

アクティビティのすすめ方

1	ワークシートを配布

生徒に1枚ずつワークシートを配布し、進め方を説明します。

⇩

2	読み上げ

教師がワークシートの順番通りに動物の鳴き声を2回ずつ読み上げます。生徒は読み上げられた鳴き声を聞こえた通りにカタカナで書きます。

⇩

3	動物を選ぶ

ワークシートにある語群の中からその鳴き声の動物を選びます。

⇩

4	答え合わせ

すべての鳴き声を聞き終わったら、もう一度発音を聞きながら全員で答え合わせをします。

---

13. 動物の鳴き声

次の鳴き声はどの動物のものでしょう。

울음 소리 (鳴き声)	聞こえた通りカタカナで書きましょう。	動物名 (ハングルで)	動物名 (日本語で)
찍찍			
꼬꼬댁			
삐약			
음매			

IV 単語をおぼえるアクティビティ
14 カバンの中のもの

가방 속에 뭐가 있을까?

概要

- 自分のカバンの中身と、友だちのカバンの中身を書き出して比べます。
- 時間　　45分
- レベル　1年目前期以降
- 形態　　個人作業で発表した後、ペアを組む
- 人数　　2人以上

何のためのアクティビティ？

身近にある物の名称を書いたり、言ったりすることができるようになります。また、かばんの中身を比べることで、共通点や相違点など、お互いの生活について考えるきっかけになります。

使用語彙・文型例

・볼펜, 지우개, 필통…　　・～예요/이에요　　・～가/이 있어요

準備

・生徒の持ち物の絵か写真（アクティビティを行う前に生徒が各自用意しておく）
・画用紙（人数分、紹介ボードを作成するためのもの）
・文房具（はさみ、ノリなど、紹介ボード作成に使うもの）

注意する点

紹介ボードを作成する時間が長すぎるようであれば、宿題にします。

バリエーション

生徒の作成したボードを使って、誰のカバンなのかを当てさせることもできます。

現場からのひとこと

交流をしている韓国の高校の生徒たちと、日本の高校生が、それぞれカバンの中身を紹介するボードを作り、交換しました。ボードは自分の手元にあるので、いつでもそれを見ながら楽しく単語を覚えることができます。

アクティビティのすすめ方

1 紹介ボードづくり
生徒が持ってきた絵または写真を切り貼りしながら、自分の持ち物の名称を韓国語と日本語で書き、紹介ボードを作ります。

2 発表
紹介ボードができ上がったら、1人ずつカバンの中に何があるかを発表します。

3 比較
ペアをつくり、互いに持ち物を見て、次のように言います。
A 씨 가방에도 ～가/이 있어요.
A 씨 가방에는 ～가/이 없어요.

Ⅳ 単語をおぼえるアクティビティ

15 恋ってシャーペン

사랑이란 샤프펜

概要

- 「恋って〇〇」の〇〇に入る言葉を考えます。習った単語の中から選び、どれだけみんなの共感を得られるかを競います。
- 時間　　20分
- レベル　1年目後期以降（生徒の語彙数が多いほど良い）
- 形態　　グループ対抗
- 人数　　1グループ4人、グループ数2〜3

何のためのアクティビティ？

「恋とは」というテーマと関連付けることで、自分が選んだ単語や他の生徒が発表した単語が、生き生きとしたイメージをもって定着します。

このアクティビティをするためには…

ハングルを読み書きできることが必要です。また、すでにある程度の数の単語に触れていることが必要です。

準備

- A4白紙（グループの数分）　・B5白紙（人数分）
- 3cm×6cm程度の付箋（2枚×人数分、2枚ごとに切り離しておく）

注意する点

生徒が関心を持ちそうなテーマにすることが大事です。

アクティビティのすすめ方

1　グループをつくる
生徒を4人ずつのグループに分け、A4用紙をグループに1枚と付箋を1人に2枚ずつ配布します。

⇩

2　テーマの提示
「사랑이란 ○○」の○○部分に入る面白い単語を、教科書などから自由に探し、1人2つずつ考えるように指示します。

⇩

3　各自の作業
生徒は課題に合う単語を考えて付箋に書きます。

⇩

4　グループ内で発表、代表を選ぶ
付箋をグループの用紙に貼り、グループ内で各自が単語と、その理由を日本語で説明します。面白いもの4つを選び、他は剥がします。

⇩

5　全体発表
発表担当のAとBが発表します。生徒A：사랑이란　→　生徒B：샤프펜!
他のグループの生徒：왜요?　→　生徒Bは理由を日本語で説明します。

⇩

6　判定
一番盛り上がった単語を発表したグループを優勝とします。

⇩

7　まとめ
白紙を全員に配布し、各生徒は最も共感したもの3つとそれらを選んだ理由を日本語で書きます。最後に用紙を回収します。

Ⅳ 単語をおぼえるアクティビティ

16 ジェスチャーゲーム

제스처 게임

概要
❏ 単語をジェスチャーで伝えます。各グループに1人ジェスチャー担当者を決めて、残りの生徒が単語を当てます。
❏ 時間　　　20分
❏ レベル　　1年目前期以降
❏ 形態　　　グループ対抗
❏ 人数　　　1グループ5人、グループ数2〜3

何のためのアクティビティ？
日本語を介在させず、単語の意味と発音を結びつけるのに役立ちます。

このアクティビティをするためには…
出題する単語は生徒が既に習ったものにします。ゲームの進行のためには、ある程度単語を覚えていることが必要です。

準備
出題用の単語カード（1グループに4〜5枚程度、ハングルで書かれた単語の下に日本語訳をつけたもの）

注意する点
生徒がジェスチャーをするのが困難な場合は、教師がジェスチャーを担当します。

現場からのひとこと
アクティビティに慣れていないクラスでも気軽にできました。

バリエーション
中級以上のクラスでは、文を出題するとよいでしょう。

アクティビティのすすめ方

1　言葉の準備
出題する単語の範囲を提示し、その意味と発音を確認します。

⇩

2　グループをつくる
生徒を5人程度のグループに分けます。その中の1人をジェスチャー担当者とします。

⇩

3　ゲーム開始
1グループごとに前に出て行います。（他のグループは席について見ています）ジェスチャー担当者は教師が用意した単語カードを見てジェスチャーでグループのメンバーに伝えます。グループのメンバーが正解したら得点します。制限時間内に5問を行います。

⇩

4　勝敗
全てのチームが終わったところで各チームの点数を確認します。得点の一番多かったチームが勝ちです。

Ⅳ 単語をおぼえるアクティビティ

17 スムゴゲ

스무 고개

> ## 概要
> ☐ 出題者が単語を1つ決め、回答者はその単語を当てるために出題者に対して質問をします。
> ☐ 時間　　5〜10分
> ☐ レベル　1年目前期以降
> ☐ 形態　　ペア作業　　　　☐ 人数　2人以上

何のためのアクティビティ？
既習語彙が定着します。

このアクティビティをするためには…
語彙を50以上覚えている必要があります。

準備
メモ用紙（人数分×2枚、出題者が決めた単語を書くためのもの）

注意する点
質問回数の制限を増減したり、制限時間を設けることにより所要時間を調節します。

バリエーション
中、上級なら文の形式で質問させるとよいでしょう。
先生が出題者になって生徒に質問させるパターンも可能です。

アクティビティのすすめ方

1　グループ分け
生徒をペアにし、出題者を決めます。

2　単語を決める
음식、과일、취미、동물、직업など、教師がジャンルを指定します。出題者はそのジャンルの単語1つを決め、それをメモ用紙に書いて隠します。

3　ジャンル絞り
回答者は、ジャンル名を「～예요/이에요?」の形式で質問し、出題者は「네.」か「아니에요.」だけで答えます。
回答者: 음식이에요?　→　出題者: 아니에요.
回答者: 동물이에요?　→　出題者: 네.
正解したら次に進みます。

4　単語当て
回答者は「～예요/이에요?」の形式で単語をいい、出題者は「네.」か「아니에요.」だけで答えます。
出題者は質問された回数を記録しておきます。
正解したら出題者と回答者が入れ替わります。

4　勝敗
単語を当てるまでの質問回数が少ない生徒が勝ちです。

Ⅳ 単語をおぼえるアクティビティ

18 誰の目ですか？

누구 눈이에요?

概要
☐ 有名人の写真の一部分だけを見て、誰の顔かを当てます。
☐ 時間　　15分
☐ レベル　1年目前期以降
☐ 形態　　グループ対抗　　　☐ 人数　4人以上

何のためのアクティビティ？
顔の部位の語彙を覚えることができます。また、それが誰のものであるかを言えるようになります。

使用語彙・文型例
・顔の部位の語彙（눈, 코, 입, 눈썹…）
・〜(의) 〜예요/이에요

準備
プリント（グループに1枚、何人かの世界の有名人の写真を用意し、その写真から顔の一部だけを抜き出して作った問題7〜8問）

注意する点
クラス全員が参加できるように、偏りのない人選が必要です。難しそうな場合は、写真の人物の名前の選択肢をつけます。

現場からのひとこと
韓国人のスターが大好きな生徒が集まったクラスでは大いに盛り上がりました。

アクティビティのすすめ方

1 グループをつくる
生徒を3～4人のグループに分け、各グループに1枚ずつプリントを配ります。

⇩

2 出題
教師はある人の目の写真を見せながら、「이것은 누구 눈이에요?」と質問します。生徒は目の写真を見ながら質問を受けるので、「눈」が目のことであると理解します。生徒は配られたプリントを見ながらグループで相談し、答えがわかったグループは手を挙げます。

⇩

3 回答
教師は一番先に手を挙げたグループを指名します。指名されたグループのメンバーは全員で声を合わせて「△△씨 눈이에요.」と答えます。

⇩

4 判定
・合っていれば → そのグループに1点与えます。
・間違っていれば → そのグループは1回休みとし、次のグループに回答権が移ります。
・すべてのグループに正解がなかった場合は、クラス全員で教師に「누구 눈이에요?」と質問し、教師は「〇〇씨 눈이에요.」と答え、次の問題に移ります。

⇩

5 勝敗
全問終了時に得点の多いグループが勝ちです。

Ⅳ 単語をおぼえるアクティビティ

19 単語ウェブ

단어망

概要
□ １つの単語から発想を広げ、連想する単語をクモの巣状に書いていきます。 □ 時間　　２０分 □ レベル　１年目前期末か年度末 □ 形態　　個人作業　　　　　□ 人数　４人以上

何のためのアクティビティ？
語彙を確認し、習った単語を自分なりのまとまりで整理することができます。

このアクティビティをするためには…
いつでも可能ですが、生徒にある程度の語彙が蓄積されていた方が効果的です。前期終了後や、１年の終わりなどに行うと、学習のまとめとして生徒の達成感にもつながります。

準備
A4 白紙（人数分）

注意する点
正解のないワークです。教師が集めたときに、一見つながりがないものでも、生徒の中では個人的な経験によるつながりがある場合があり、生徒との話題が広がります。

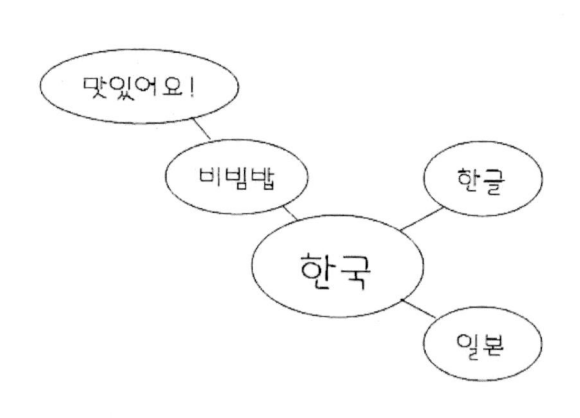

ただし、単語の綴りの間違いは適宜、教師が訂正してください。生徒の作業中に巡回しているとき、または、終了後にシートを回収してチェックします。

バリエーション
もともとゲームではありませんが、制限時間を設けて単語の数を競うタイムレースにすることもできます。また、核となる単語は教師が決めず、生徒に決めさせてもよいでしょう。

現場からのひとこと
生徒にとっても単語が自分の頭の中でこのように整理されているということがわかるアクティビティです。生徒の語彙力チェックにぜひ活用してください。

アクティビティのすすめ方

1 紙を配布
1人に1枚ずつ白紙を配ります。

⇩

2 キーワード設定
教師は黒板の真ん中に、核となる単語を1つ書きます。

⇩

3 ワーク
生徒は配られた紙の真ん中に板書された単語を写し、それを丸で囲みます。そこから連想する単語をどんどんつないでいきます。核となる単語から複数の単語を連想したり、数珠つなぎに単語から単語へとつなげたりしても構いません。単語がいくつもつながっていくのが理想型です。
（特にまとめは必要ありませんが、単語の数を決めて、書き終わったところで終了することもできます）

Ⅳ 単語をおぼえるアクティビティ

20 単語カルタ：個人対抗

카드 놀이

概要

- 一面に並べた絵カルタの中から、教師が読み上げた単語に当たる絵カルタをとることを競います。
- 時間　　15分
- レベル　1年目前期以降
- 形態　　個人対抗　　　　　　□ 人数　3人以上

何のためのアクティビティ？

単語の意味と発音を結び付けるのに役立ちます。

このアクティビティをするためには…

絵カルタならば文字を使わないので、まったく初めての学習者から使えます。文字カルタならば文字学習用として使えます。初級者程度までが適当です。

準備

- フラッシュ絵カード（16枚程度、A4版の厚紙に単語の意味を表す絵をかいたもの）
- 絵カルタ（16枚1組×グループ数分、A4厚紙1枚を16等分し、各マスにフラッシュ絵カードの絵を縮小コピーしたもの。グループごとに厚紙の色を変えると整理に便利）

現場からのひとこと

- 生徒に競争意識が働き、効果的に単語を覚えることができます。

アクティビティのすすめ方

1　フラッシュ絵カード
フラッシュ絵カードで、新しい単語を覚えます。全体が7～8割覚えたところでやめます。
カルタをすることを通して単語を覚えるので、予め完璧に覚えなくても構いません。

⇩

2　場所づくり
全員を4～5人ずつのグループに分け、机をいくつか合わせて場所を作ります。カルタの絵の面を上にして広げます。

⇩

3　カルタ
生徒は、教師が韓国語で読み上げた単語の絵カルタをとります。

⇩

4　単語ごとに正解を示す
単語ごとに、多くのグループでカルタが取られたところで、フラッシュ絵カードを見せて、正解を示します。

⇩

5　勝敗
すべての単語を読み上げたら、各グループでいちばん多く取った生徒に手を上げてもらうなど、勝敗を確認して終了します。

Ⅳ 単語をおぼえるアクティビティ

21 単語カルタ：グループ対抗

그룹 카드 놀이

概要
☐ グループ内で個々人が競うカルタではなく、いちばん早くカルタを取ったチームにポイントが入るゲームです。 ☐ 時間　　10分 ☐ レベル　１年目前期以降 ☐ 形態　　グループ対抗 ☐ 人数　　１グループ４人以上、グループ数３以上

何のためのアクティビティ？
既習の語彙を定着させるためのアクティビティです。

このアクティビティをするためには…
レベルは問いませんが、覚えるべき語彙をひと通り学習していることが必要です。

準備
カルタ（グループの数分）

注意する点
生徒の人数が４で割り切れない場合は、人数の異なるグループができますが、ゲームには影響がありません。

現場からのひとこと
グループ内で個々人が競い合う普通のカルタと違い、グループ内での協力体制が生まれます。

バリエーション
カードのバリエーション
・韓国語を読みあげ、絵カードを取る
・韓国語を読みあげ、ハングルの文字カードを取る
・日本語を読みあげ、ハングルの文字カードを取る
・韓国語を読みあげ、日本語の文字カードを取る

アクティビティのすすめ方

|1| 場所づくり

生徒を4名ずつのグループに分け、各グループの生徒にそれぞれ1〜4の番号をつけます。机をいくつか合わせて場所を作り、カルタを広げます。

⇩

|2| カルタ

各グループの1番の生徒が、教師が読み上げるかるたを取ります。一番早く取った生徒がいるグループに得点が入ります。次は2番の生徒のみがカルタを取れます。以下、3番、4番と進めます。また、取ったカルタは元に戻して進行します。

⇩

|3| 勝敗

一番多くポイントを取ったチームの勝ちです。

Ⅳ 単語をおぼえるアクティビティ

22 単語探しシート

단어 찾기 시트

概要
- 制限時間内に、文字の羅列の中から知っている単語を探し出します。
- 時間　　5分
- レベル　1年目前期以降
- 形態　　個人作業、ペア、グループ
- 人数　　2人以上

何のためのアクティビティ？
多くの文字の中から、知っている単語を素早く見つけ出すことができるようになります。

使用語彙・文型例
既習の単語

準備
・ワークシート（人数分、5マス×5マスの表の各マスにハングルが1文字ずつ書いてあり、ヨコかタテ方向に続けて読むと既習の単語が隠れている。隠れている単語の数は、回答欄の数と同じだけある）　〈ダウンロード可能〉〈巻末付録参照〉
・ストップウォッチ（あれば便利）

注意する点
出題者が意図しない部分に正解があることがあるので、事前に確認が必要です。

現場からのひとこと

単語テストの代わりに実施しました。普通の単語テストと趣向を変えることによって、ふだんは勉強に熱心でない生徒も、やる気を出して取り組んでいました。

アクティビティのすすめ方

1　プリントを配る
生徒に1枚ずつワークシートを配布し、単語の探し方を説明します。

2　単語探し
生徒たちは制限時間内に、隠された単語を探します。

3　答え合わせ
制限時間後、生徒を1人ずつあてて、見つけた単語とその場所を聞きます。一番多く単語を見つけた生徒が勝ちです。

22. 単語探しシート

マス目の中に隠れている単語を探してみましょう。
【探し方】・単語は→↓の方向に読みます。
・それぞれの文字は1回ずつ使います。

코	가	위	돼	지
교	회	지	우	개
과	사	취	미	왜
서	스	웨	터	사
의	자	뭐	귀	과

○見つけた単語を書き出して、意味も書いてみましょう。
1. ＿＿＿＿＿（　　　）　2. ＿＿＿＿＿（　　　）

IV 単語をおぼえるアクティビティ

23 ハナ・トゥル・バナナ！

하나 둘 바나나!

概要
□ 輪になって座り、リズムに合わせて他の生徒の名前を呼びます。
□ 時間　　10分
□ レベル　1年目後期以降
□ 形態　　個人対抗　　　　　　□ 人数　5～10人

何のためのアクティビティ？
ゲームの中で何度も発音したり、聞いたりすることによって単語を覚えます。

使用語彙・文型例
・数詞　（하나, 둘）
・果物名の語彙（사과, 딸기, 바나나...）
・죄송합니다

準備
名前の候補となる果物名の単語（人数分）

注意する点
単語はその時初めて習ったものでもできますが、あまり人数が多いとスムーズに進まない可能性があります。

現場からのひとこと
「バナナ」のように言いやすい単語は他の生徒からの指名が集中しましたが、それで、かえって盛り上がりました。

アクティビティのすすめ方

1　場所を作る

イスを円形に並べて生徒を座らせます。
果物の単語から1人に1つずつ名前をつけます。

⇩

2　自己紹介

「1・2・3」のリズムに合わせて、時計回りに1人ずつ自分につけられた名前を発表します。
「1」で両手で膝をたたき、「2」で両手をたたき、「3」で右の親指で自分を指しながら名前を言います。
全員の自己紹介が終わったらゲームを開始します。

⇩

3　ゲーム

自己紹介と同様に「1・2・3」のリズムに合わせてゲームを行います。
教師が最初の人を指名します。その生徒は、「3」で右の親指で他の生徒を指し、その生徒の名前（果物名）を言います。
リズムに合わせて言えなかった場合は「죄송합니다.」と言います。教師はその回数をメモしておきます。

⇩

4　ゲーム再開

名前を1つずつずらして覚えさせます。前回ストップした生徒から始めます。

⇩

5　勝敗

適当なところで終了します。「죄송합니다.」を言った回数がいちばん少なかった生徒が勝ちです。

Ⅳ 単語をおぼえるアクティビティ
24 ビンゴ！

빙고!

> ### 概要
> ☐ 教師が単語を読み上げ、生徒は手元のシートの中からその単語を探してチェックを入れます。縦・横・斜めいずれか1列にチェックが入る速さを競います。
> ☐ 時間　　5〜15分
> ☐ レベル　1年目前期以降
> ☐ 形態　　個人対抗、グループ
> ☐ 人数　　2人以上

何のためのアクティビティ？

・単語の聞き取り（単語を韓国語で読み上げ、シートは日本語か絵）
・単語の読み（単語を日本語や絵カードで示し、シートはハングル）
・文字の読み（単語を韓国語で読み上げ、シートはハングル）

このアクティビティをするためには…

文字を導入する前、文字を導入する時、導入した後、あらゆる段階の単語学習に利用できます。

準備

・ビンゴシート（人数分、4×4のマスが書かれているもの）〈ダウンロード可能〉
〈巻末付録参照〉　・単語リスト

現場からのひとこと

ふり仮名をつけさせる、意味を書かせるなど、使用したビンゴシートは宿題としても利用できます。

注意する点

何人がビンゴになったら終了とするのか、順位に合わせて何点与えるかなどを予め決めておきます。

アクティビティのすすめ方

1 言葉の準備
ビンゴで扱う単語を確認し、覚えます。

⇩

2 シートをつくる
ビンゴシートを生徒に1枚ずつ配ります。生徒は、好きな16単語を好きなマスに入れます。単語は、教科書や手本を見ながらハングルで書き入れます。

⇩

3 ビンゴをする
教師が単語を韓国語で読み上げます。
生徒は手元のシートの中からその単語を探してチェックを入れます。

⇩

4 勝敗
縦・横・斜めいずれかにチェックが入った生徒がビンゴです。ビンゴになった生徒が勝ちです。(その単語を全部言えたらOKなどの条件をつけることもできます)

⇩

5 まとめ
ゲームが終わってから、ビンゴシートにそれぞれの単語の意味を書かせます。教師がシートを回収し、チェックします。

V 数詞の練習のアクティビティ
25 上かな？下かな？

위입니까? 아래입니까?

概要
- 出題者が決めた数字を、残りの生徒が質問しながら当てます。出題者は「はい」か「いいえ」でのみ答えます。
- 時間　　10分
- レベル　1年目前期
- 形態　　個人対抗　　　　　□ 人数　2人以上

何のためのアクティビティ？
何度も口にすることにより、漢数詞を覚えます。

使用語彙・文型例
- ～보다 위입니까?
- ～보다 아래입니까?
- 네, 그렇습니다.
- 아니요, 아닙니다.

準備
数字をメモする紙（出題者の人数分）

注意する点
少人数の場合は、質問の回数によって得点に差をつけるといいでしょう。

バリエーション
「～보다 위/아래입니까?」の他に「～보다 쌉니까/비쌉니까?」や「～보다 무겁습니까/가볍습니까?」といった用言の練習にも応用できます。
クラスの人数が多い場合は、グループ対抗戦にすることもできます。

アクティビティのすすめ方

1 表現の確認

このアクティビティで使う表現を確認します。

質問の仕方は、次の２通りです。

「3 보다 위입니까?」

「3 보다 아래입니까?」

答え方は、次の２通りです。

「네,그렇습니다.」

「아니요,아닙니다.」

2 出題

教師が出題する数字の範囲を指定します。

出題者は数字をメモ用紙に書いて伏せておきます。

3 質問

回答者： 8 보다 위입니까?

出題者： 네,그렇습니다.

回答者： 9 입니까?

出題者： 네,그렇습니다.

正解すれば得点を得て、出題者が変わります。

間違っていれば、次の回答者に順番が移ります。

4 勝敗

全員が同じ回数出題し終わったところで、獲得した点数を比べます。一番多く得点した人が勝ちです。

Ⅴ 数詞の練習のアクティビティ

26 韓国の記念日

한국의 기념일

概要
❏ 韓国の記念日がいつか、どんな日かについて、ワークシートで回答していきます。 ❏ 時間　　50分 ❏ レベル　1年目前期以降 ❏ 形態　　個人作業　　　　　❏ 人数　1人以上

何のためのアクティビティ？
韓国の記念日について理解が深まります。また、日付の表現が身につきます。

このアクティビティをするためには…
漢数詞の導入と関連づけて行うと効果的です。

準備
・ワークシート（人数分、韓国の記念日の一覧表）〈ダウンロード可能〉〈巻末付録参照〉

注意する点
旧暦に基づく韓国の祝祭日は、年によって異なります。日付を確認しながら行うことが必要です。

現場からのひとこと
生徒はブラックデーやローズデーの話題に興味を示しました。

バリエーション

日本の記念日と比較することもできます。

アクティビティのすすめ方

1 ワークシートを配る
韓国の記念日を一覧にしたワークシートを全員に配布します。

2 Q and A
教師が日付を読み、生徒が何の記念日かを答えます。または教師が記念日を読み、生徒が日付を答えます。ペアワークやグループワークであれば、早く答えたチームに点数を与えます。

3 まとめ
教師がその記念日について説明します。

26. 韓国の記念日

①신정	シンジョン	新正月	1月1日
②구정	クジョン	旧正月	旧暦1月1日
③삼일절	サミルチョル	三一節	3月1日
④어린이날	オリニナル	こどもの日	5月5日
⑤석가탄신일	ソッカタンシニル	釈迦誕生日	旧暦4月8日
⑥현충일	ヒョンチュンイル	顕忠日	6月6日
⑦광복절	クァンボッチョル	光復節	8月15日
⑧추석	チュソク	秋夕	旧暦の8月15日
⑪개천절	ケチョンジョル	開天節	10月3日
⑫성탄절	ソンタンジョル	クリスマス	12月25日

⑬2월 14일	발렌타인데이
⑭3월 14일	화이트데이
⑮4월 14일	블랙데이
⑯5월 14일	로즈데이

Ⅴ 数詞の練習のアクティビティ

27　3人集まれ！

세 사람 모이세요！

概要
☐ 教師が指示した人数になるように、生徒が一斉に駆けよってグループを作ります。グループに入れなかった人は脱落します。
☐ 時間　　10分
☐ レベル　1年目前期
☐ 形態　　個人対抗　　　　☐ 人数　10人以上

何のためのアクティビティ？
人数を聞き取れるようになります。

使用語彙・文型例
・固有数詞（1～12）
・～사람　　・～사람 모이세요!

準備
机などのない広い場所が必要です。

注意する点
動くのに充分なスペースを確保して行います。

現場からのひとこと
クラスによって盛り上がりの程度に差があります。

バリエーション
人数が多ければ、さらに条件をつけることもできます。

例： 여자 세 사람, 남자 한 사람 など。

早い段階で脱落した人のために「敗者復活戦」を設けることもできます。

アクティビティのすすめ方

1 場所をつくる
広い場所をあけ、生徒を自由に立たせておきます。

⇩

2 教師が集まる人数を叫ぶ
教師が「〇〇사람！」「〇〇사람　모이세요!」と言います。

⇩

3 生徒が集まる
生徒は制限時間内に教師が指示した人数でグループをつくります。

⇩

4 判定
各グループの人数を確認し、数に入れなかった生徒は脱落します。また、指定通りの人数でないグループも全員脱落します。

⇩

5 勝敗
最後まで残ったグループが勝ちです。

Ⅴ 数詞の練習のアクティビティ

28 四則演算

사칙연산

概要
☐ 韓国語で四則演算をします。
☐ 時間　　40分
☐ レベル　1年目前期
☐ 形態　　個人作業　　　　　☐ 人数　1人以上

何のためのアクティビティ？
漢数詞および四則の表現を言ったり、書いたりできるようになります。

使用語彙・文型例
・일, 이, 삼…
・더하기, 빼기, 곱하기, 나누기

準備
・四則表現のカード
　表現確認のため黒板に貼る。
　더하기（＋）、빼기（－）、
　곱하기（×）、나누기（÷）、
　는/은（＝）
・数詞カード

2 例を見て、下の表の空欄を埋めよう。

例 오 빼기 사는 일.	5－4＝1
例 이 더하기 일은 삼.	2＋1＝3
A 삼 더하기 육은 ( ).	( )
B ( ).	( )＋1＝8
C 십 빼기 오는 ( ).	( )
D ( ).	( )－8＝5
E 사 곱하기 이는 ( ).	( )
F ( ).	2 ( ) 3＝6
G 십이 나누기 삼은 ( ).	( )
H ( ).	20 ( ) 4＝5

・ワークシート（人数分、計算問題が書かれているもの、数字で書かれている問題にはハングルでその問題を書く欄がある、逆にハングルで書かれている問題には数字でその問題を書く欄がある）　〈ダウンロード可能〉〈巻末付録参照〉

56

現場からのひとこと
なるべく暗算でできる程度の簡単な数字の方が実施しやすいでしょう。

バリエーション
桁数の多い数字で実施することもできます。
また、ワークシートの問題数を増減することによって、所要時間を調節することができます。

アクティビティのすすめ方

---
1 四則表現を確認する
黒板に四則表現カードを貼り、読み方を確認します。
「더하기」「빼기」「곱하기」「나누기」

⇩

---
2 例題を解く
全員で例題を解きます。「이 곱하기 사는 팔.」

⇩

---
3 ワークシート配布
生徒に1枚ずつワークシートを配布します。生徒は各自問題を解きます。

⇩

---
4 答え合わせ
大半の生徒が問題を解き終わったところで、教師が生徒を指名します。当てられた生徒は1問ずつ問題と答えの両方を発音します。同じ問題を2〜3人の生徒に答えさせて、合っているかを確認し、全員で復唱します。

⇩

---
5 まとめ
四則表現を全員で再度確認します。
ワークシートは教師が回収して、チェックします。

Ⅴ 数詞の練習のアクティビティ

29 数詞カルタ

숫자 카드 놀이

概要

- 数詞でカルタとりをします。
- 所要時間　5〜10分
- レベル　　1年目前期以降
- 形態　　　個人対抗
- 人数　　　4人以上

何のためのアクティビティ？
漢数詞と固有数詞を関連させて練習します。漢数詞をおぼえた後に、固有数詞を導入します。

このアクティビティをするためには…
ハングルで書かれた数詞のカルタを探すので、数詞をハングルでどのように書くのかをおぼえていることが必要です。

準備
カルタ（表と裏に漢数詞と固有数詞をハングルで書いたもの）

注意する点
固有数詞の発音が正しいかどうか判定します。また、生徒の理解度によってカルタの数を増やしたり減らしたりすることができます。

現場からのひとこと
固有数詞をおぼえることに苦労する生徒が多い中で、2年間に何度かこのアクティビティを経験した生徒は、家族の年齢について自信をもってやりとりできるようになりました。

バリエーション
教師が漢数詞を言って、生徒が固有数詞のカルタをとることもできます。

アクティビティのすすめ方

1 言葉の準備
カルタで使用する固有数詞をおぼえます。

⇩

2 カルタを並べる
漢数詞を表にしてカルタを並べます。

⇩

3 カルタを取る
教師は固有数詞を言います。生徒は、それと等しい数の漢数詞が書かれたカルタを取り、裏面の固有数詞を言います。正しく言えた生徒はカルタをもらえます。

⇩

4 勝敗
カルタを多く取った人の勝ちとなります。

Ⅴ 数詞の練習のアクティビティ

30 何時ですか？

몇 시예요?

概要
☐ 生徒が互いに時計を利用して、時刻を出題、回答します。 ☐ 時間　　20分 ☐ レベル　1年目前期以降 ☐ 形態　　個人作業　　　　　　　☐ 人数　1人以上

何のためのアクティビティ？

時計の読み方を学習した生徒が、ハングルで書かれた時刻の表現を読み取ったり、書いたりできるようになります。

使用語彙・文型例

・한, 두, 세, 네, 다섯, 여섯, 일곱, 여덟, 아홉, 열, 열한, 열두
・일, 이, 삼, 사, 오, 육, 칠, 팔, 구, 십
・〜시, 〜분

30．何時ですか

出題者 ＿＿＿＿＿＿＿　　回答者 ＿＿＿＿＿＿＿　　点数 ＿＿＿＿＿＿＿

奇数の欄には時計の針を書き、偶数の欄には時刻をハングルで書いて、問題を作ります。

【時計を読んで時刻を書きこむ】	【時刻を読んで時計に針を書きこむ】
①　　　　　　　　　　　　　　　시　　　분	②　　　　　　　　　　　　　　　시　　　분
③	④

60

準備
ワークシート（人数分）〈ダウンロード可能〉〈巻末付録参照〉

注意する点
ハングルで時刻を書くことに注意が行ってしまい、時計の針を間違って読んでしまう生徒がいます。（例：27分を22分と思い込むなど）
生徒が問題を解いている間に巡回し、どの段階で間違えているのかを確認した方がよいでしょう。

現場からのひとこと
最初に簡単なレベルの問題を解かせた後に、まとめとして利用すると効果的でした。

アクティビティのすすめ方

1　ワークシート配布
生徒に1枚ずつ、ワークシートを配ります。

⬇

2　問題づくり
別の生徒が解くための問題をつくります。奇数番号の時計に、好きな時刻の針を描き、偶数番号の時計の下の欄には、好きな時刻をハングルだけで書きます。

⬇

3　問題配布
できた問題を回収し、偶数番号のハングルによる出題が間違っていないか教師がチェックしたのち、他の生徒に配布します。

⬇

4　解答
生徒は、手元に来た問題を解きます。針を見てハングルで書き込み、ハングルで書かれた時刻を針で書き込みます。生徒が書き終えたワークシートは教師が回収し、チェックします。

Ⅵ 文字をおぼえるアクティビティ
31 辞書引き競争

사전 찾기

概要
❑ 単語一覧に提示された単語を辞書で引き、その意味に該当する日本語が書かれたワークシートのマスを塗りつぶしていきます。最後に浮き上がる文字を早く正確に見つけることを競います。 ❑ 時間　　30分 ❑ レベル　1年目前期 ❑ 形態　　個人作業　　　　　　　❑ 人数　1人以上

何のためのアクティビティ？
ハングルに親しみながら、辞書の引き方に慣れます。

このアクティビティをするためには…
ハングルの読み書きに少し慣れた段階で導入します。また、事前に辞書の引き方を説明しておきます。

準備
・ワークシート（人数分）〈ダウンロード可能〉〈巻末付録参照〉
・辞書（人数分）

注意する点
・レベルに合わせて単語の数や難易度を調整できます。未習の単語でシートを作ったほうが効果的です。
・辞書の配列を意識させ、教師が丁寧に補助するのがいいでしょう。

バリエーション

難易度の調整には、単語の数のほか、引かせる単語の字の複雑さで調整できます。

アクティビティのすすめ方

1 ワークシート配布
生徒に1枚ずつワークシートを配布します。

2 辞書をひく
生徒はワークシートにある単語の意味を辞書で調べ、マスを塗りつぶしていきます。ワークシート上に浮き上がる文字は何かを見つけます。

3 チェック
時間を決めて提出させます。すべてできたら、教師のチェックを受けます。

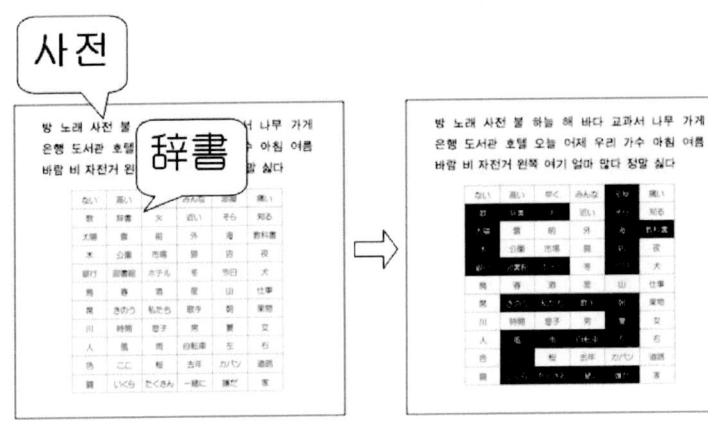

単語の意味のマスを塗りつぶす　　文字が浮かび上がる

Ⅵ 文字をおぼえるアクティビティ

32 新聞も読めます

신문도 읽을 수 있어요

概要
❏ 韓国語の新聞や雑誌の記事から、決められた数の単語を探して書き出します。また、その単語の意味も推測します。 ❏ 時間　　10～20分 ❏ レベル　1年目前期以降 ❏ 形態　　個人作業、グループ ❏ 人数　　1人以上

何のためのアクティビティ？

ハングルが読めれば、韓国語の新聞や雑誌であってもわかる部分があるということを実感させます。

このアクティビティをするためには…

ハングルをひと通り習っていることが必要です。

準備

・韓国語の新聞や雑誌の記事（グループに 8～15 枚）
・A4 白紙（グループ数分、単語と意味を書き出すためのもの）
　※新聞や雑誌は、広告がたくさん入っているものや外来語が多いものなどは類推がしやすいです。また、日本で発行されている韓国人向けの無料雑誌や新聞は単語がわかりやすいです。なるべく新しいもので映画や芸能界の記事を選ぶようにしましょう。

バリエーション
・「〜月〜日」など、簡単なものを除外して実施することもできます。
・生徒が書き出した単語を黒板に書き、クラス全員で声に出して読んだり、意味を考えてみるのも勉強になります。

注意する点
いくつ探すかは、時間とレベル、人数にあわせて適宜調整します。（4〜5人のグループで単語10個なら10分程度）

現場からのひとこと
小学生から社会人まで楽しめます。「読めるわけない」とはじめても、必ずクリアできる課題です。読めばわかりそうな単語に〇をつけて注意を促してあげると効果的です。生徒の関心が高い記事は単語を読むだけでも楽しめます。日本でも話題になっているハリウッドスターや運動選手などの写真入り記事があると、何とか読みとろうとして盛り上がります。

アクティビティのすすめ方

1 グループをつくる
生徒を4, 5人のグループに分け、白紙をグループに1枚ずつ配ります。

⇩

2 資料配布
韓国語の新聞や雑誌を各グループに8〜15枚程度配ります。

⇩

3 単語探し
渡された資料の中から、指定された数の単語と、その意味を考えて書きます。

⇩

4 チェック
全部書き出したら、教師がチェックします。

Ⅵ 文字をおぼえるアクティビティ

33 台風の名前

태풍 이름

概要
☐ 台風の名前を読むことを通して韓国語に親しみます。
☐ 時間　　10分
☐ レベル　1年目前期以降
☐ 形態　　個人作業　　　　　☐ 人数　1人以上

何のためのアクティビティ？

ハングルと発音を結び付けるのに役立ちます。

このアクティビティをするためには…

ハングルをひと通り習った段階で行います。

33. 台風の名前

先生が発音する台風の名前を語群から探し、正しく書き写してみましょう。

台風名をハングルで書く	発音をひらがなで書く	意味を日本語で書く
1		
2		
3		
4		
5		
6		

準備
ワークシート（人数分）　〈ダウンロード可能〉〈巻末付録参照〉

注意する点
台風が話題になる時期が必ずしも文字と発音の学習段階と一致しない場合もあるので、活用時期に関しては各現場で判断をしてください。20の語群の中から、教師がアクティビティをすすめやすい単語を選びます。

現場からのひとこと
台風が接近しているときや、台風が去った直後などに、話題づくりのためにこのアクティビティを入れると効果的です。

アクティビティのすすめ方

1　資料配付
ワークシートを渡します。

⇩

2　説明
台風には「〜号」の他に名前がついていることを説明します。

⇩

3　モデル発音
教師が台風の名前を発音します。

⇩

4　ワーク
発音された台風の名前を語群から探し、ワークシートに台風の名称をハングルで書き、日本語で意味を書き入れます。

⇩

5　チェック
答え合わせをします。ワークシートは教師が回収し、チェックします。

VI 文字をおぼえるアクティビティ
34 どこの国？

어느 나라예요?

概要
☐ ハングルで書かれた国名を知識と勘を駆使して読み、地図上の該当する位置に書き写します。 ☐ 時間　　　15分 ☐ レベル　　1年目前期以降 ☐ 形態　　　個人作業　　　　☐ 人数　1人以上

何のためのアクティビティ？

国名を読み取ることを通して、単語を読むことに慣れます。ただ単にハングルの羅列を読む練習をするということではなく、世界の国名を韓国語の単語として知ることができます。

34. どこの国？

このアクティビティをするためには…

ハングルを一度学習した段階から実施できます。必ずしも全ての字母を習得している必要はありません。

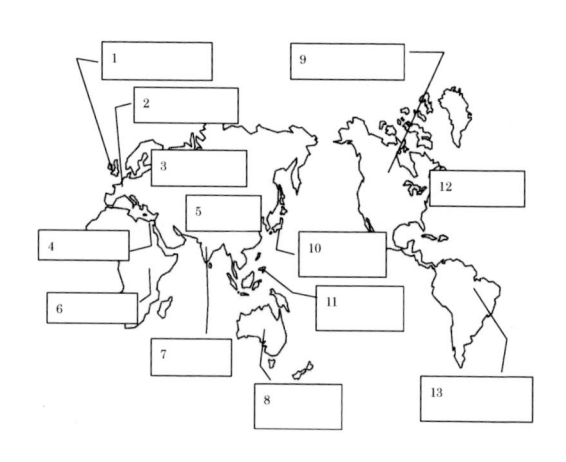

러시아　　　브라질　　　이집트

인도　　　　일본　　　　중국

68

準備
ワークシート（人数分）<ダウンロード可能><巻末付録参照>

注意する点
国名は手書きがよく、活字を使う場合は「ㅃ,ㅇ,ㅈ,ㅊ,ㅎ」などの字形に注意が必要です。

バリエーション
難易度については、扱う国の数、漢字語の国名の数や、パッチムが入った国名の数などを増減することで調節することができます。
国の名前以外にも、都市の名前、世界遺産の地名、有名人の顔写真と名前など広く応用が可能です。

アクティビティのすすめ方

1 説明
教師は次のように説明します。「地図の下に並んでいる単語は、すべて上の地図の空欄に入る国の名前です。単語を声に出して読んでみて、どれがどの国の名前かを考えてみましょう。まずは、3文字のものから始めてみましょう。」

⇩

2 地図に記入
生徒は各自ワークシートに書かれた単語を読み、分かった国名を地図の空欄に記入していきます。分からないものは、推測して記入します。生徒がハングルを読めなかったり、国の場所を知らないため先に進めない場合は、教師が適宜ヒントを出します。

⇩

3 回答
クラスの大半の生徒が終わったら、全員で答えを確認します。

Ⅵ 文字をおぼえるアクティビティ
35 早く、早く！

빨리! 빨리!

概要
☐ チームに分かれて、正しく発音できる単語の数を競います。
☐ 時間　　10〜15分
☐ レベル　1年目前期以降
☐ 形態　　グループ対抗
☐ 人数　　1グループ5人程度、グループ数　2

何のためのアクティビティ？
カードに書かれた単語を読み上げることで、単語を覚えます。

このアクティビティをするためには…
ハングルをひと通り習っていることが必要です。

準備
単語カード　20枚以上

バリエーション
韓国語のカードの意味を言ったり、使用するカードを日本語の単語カードにして、韓国語に翻訳して答えるなどの応用が可能です。

現場からのひとこと
ゲームは単純ですが、読み取りの訓練には抜群の効果があります。まったく読めない生徒がいる場合は、グループの仲間に聞いてもよいことにしました。

アクティビティのすすめ方

[1] 事前準備
教室の後方に机を置き、カードを広げておきます。

⇩

[2] グループをつくる
生徒を2つのグループに分けます。

⇩

[3] カードを取る
教室の前方から同時に1人ずつスタートし、後方の机のカードを1枚取ります。

⇩

[4] 発音する
取ったカードを教師の前で読み上げます。

⇩

[5] バトンタッチ
正しく発音できたら、教師の前にカードを置いて、次の生徒と交代します。間違えた場合は、カードを元の場所に戻して他のカードを取ります。カードがなくなるまで[3]～[4]を繰り返します。

⇩

[6] 成績発表
カードがすべて無くなったところで、両グループが獲得したカードの枚数を「하나、둘、셋」と全員で声をそろえて数えます。枚数を多く取ったグループが勝ちです。

Ⅵ 文字をおぼえるアクティビティ

36 ハングル ナンプレ

한글 넘버 프레스

概要
□ ハングルの子音字母のナンプレを完成させます。 □ 時間　　30〜50分 □ レベル　1年目前期以降 □ 形態　　個人作業　　　　□ 人数　1人以上

何のためのアクティビティ？

ハングルの字母に親しみます。

このアクティビティをするためには…

字母のうち ㄱㄴㄷㄹㅁㅂㅅㅇㅈ を一通り習っていることが必要です。

準備

ワークシート（人数分）〈ダウンロード可能〉〈巻末付録参照〉

注意する点
難しいパズルなので、ペアやグループで行うと時間が短縮できます。

バリエーション
市販のナンプレの数字を字母に置き換えれば作れます。字母以外にも数詞のハングル表記（일, 이, 삼…）なども作れますが、数字で解くよりかなり難しくなります。

アクティビティのすすめ方

1 配布
生徒に1枚ずつワークシートを配布します。

2 ハングル探し
縦横それぞれ一列、または実線で区切られた9マスに、同じ字母が入らないように、ワークシートの空欄を埋めていきます。

3 答え合わせ
生徒はワークシートの空欄が埋まったら各自教師のところにもっていき、教師はチェックします。

Ⅵ 文字をおぼえるアクティビティ

37 ハングルパズル

한글퍼즐

概要

- 単語をクロスワードパズルのように組み合わせていきます。
- 時間　15〜30分
- レベル　1年目前期以降
- 形態　個人作業
- 人数　3人以上

何のためのアクティビティ？

たくさんの文字を集中して見ることによって、ハングルの形に慣れます。

このアクティビティをするためには...

まだハングルを習っていない生徒にもできます。

左のマスに、右列の単語がすべて入ります。組み合わせを考えて入れてみましょう。

| 서 | 부 | 영 | 화 |

3자리
교통사고　제비추리
경무관　구수회의　제조원가
고엽제　기념주화　회상전화
병참선　기사회생
비수기　대과급제
사학과　대선거구
성직자　도약경기
영양가　등장인물
원시인　등화관제
전화기　물병자리
주지사　사대기서
　　　　사탕수수

4자리　서부영화
가변익기　서비스업
경기체가　서양장기
경영학과　수선졸업

準備
ワークシート（人数分、空欄とそこに当てはまる単語のリストが書かれたもの）
〈ダウンロード可能〉〈巻末付録参照〉

注意する点
・クロスワードパズルのやり方を知らない生徒には十分な説明が必要です。
・このアクティビティはハングルに慣れることが目的なので、単語の発音や意味を教える必要はありません。

現場からのひとこと
授業中に時間がとれない場合は、宿題にしてもよいでしょう。

アクティビティのすすめ方

1 説明
生徒1人に1枚のワークシートを配布して、パズルのやり方を説明します。

↓

2 パズルを埋める
空いているマス目に合う文字数の語群の中から、既に埋まっている文字を手がかりに当てはまりそうな単語を選んで記入していきます。

↓

3 チェック
すべて記入できたら、教師のチェックを受けます。

Ⅵ 文字をおぼえるアクティビティ

38 ハングルの法則探し

한글 법칙 찾기

概要

- ハングルとひらがなで書かれた 1 つの県名をヒントに、ハングルだけで書かれた都道府県名を解読します。字母が表す音を推理して、字母の表を完成させます。
- 時間　　5〜30 分
- レベル　1 年目前期（文字を導入するとき）
- 形態　　個人作業　　　　　　人数　1 人以上

何のためのアクティビティ？

自ら字母を整理することによって、ハングルの仕組みを理解します。

このアクティビティをするためには…

このアクティビティは提示されたハングルとカタカナの対照をヒントに、生徒が自らハングルの法則を見つけていくものです。したがって、字母や字母が表す音を習ってしまった後では、このアクティビティはできません。

準備

- ワークシート（人数分、日本の都道府県名の幾つかをハングルで表記したリストと、解読した字母がどの音を表すのかを書きこむための表が書かれているもの）〈ダウンロード可能〉〈巻末付録参照〉
- 表記と発音の関係が複雑にならないように、語頭の濁音は平音、清音は激音で表記します。また、ツ、ズ、ザ、ゼ、ゾや長音がない都道府県名で作ります。
- 都道府県名を知らない外国人の生徒には県名リストを渡します。
- 入門段階では、字形に敏感なため、手書きでワークシートを作ります。

注意する点
・ハングル表の「子音なし」の意味は分かりにくいので、その欄には「ㅇ」（イウン）が入ると教えます。

バリエーション
生徒の名前を一覧にしても、同じアクティビティができます。

アクティビティのすすめ方

1 ワークシート配布
生徒に1枚ずつワークシートを配布します。

2 ワークシートの説明
字母を習っていない生徒しか、このアクティビティはできないので、字母の説明をする必要はありません。
教師は次のように説明します。
・日本の都道府県の名前をハングルで書いたものです。
・ハングルの1文字がひらがなの1文字にあたります。
・ヒントの県名を頼りに、他の県名も読んでみてください。
・どの文字がどの音かが分かったら、表に記入しましょう。

3 解読
生徒は、ワークシートに書かれた都道府県名を解読し、それぞれの字母が表す音を表に記入していきます。

4 チェック
すべて記入できたら、教師のチェックを受けます。

Ⅵ 文字をおぼえるアクティビティ

39 ハングル読み書き

한글 읽기 쓰기

概要

- ハングルで書かれた日本語をひらがなに書き換え、ひらがなで書かれた日本語をハングルに書き換えます。
- 時間　　15～30分
- レベル　1年目前期以降
- 形態　　個人作業　　　　　□ 人数　1人以上

何のためのアクティビティ？
ハングルと発音を結びつけるのに役立ちます。

準備
ワークシート（人数分）　〈ダウンロード可能〉〈巻末付録参照〉

注意する点
入門では、字形に敏感なので手書きの文字を提示します。
問題を作る場合には、日本語の「ツ・ズ・ザ・ゼ・ゾ」を使わないようにします。

バリエーション
ペアワークなどでお互いに日本語をハングル表記させるアクティビティも可能です。

現場からのひとこと
時間が足りない場合は宿題にしても良いでしょう。

アクティビティのすすめ方

1 シートの配布
生徒1人に1枚ずつワークシートを配布します。

2 空欄を埋める
ワークシートに書かれた日本語を読んで、ハングルで書かれているものはひらがなに、ひらがなで書かれているものはハングルに書き換えます。

3 チェック
すべて書き終えた生徒は、教師のチェックを受けます。

39. ハングル読み書き

次のハングルをひらがなに、ひらがなをハングルに書き換えましょう。

1	아메아가리	
2	가미나리가 나루	
3	다노시쿠 우타우	
4	아타마가 이타이데수	
5	후유노 소나타오 미타	
6	はなが　さいた	
7	にじが　でた	

Ⅵ 文字をおぼえるアクティビティ

40 物語の並べ替え

이야기 순서 바로하기

概要
□ 日本語をハングル表記した物語の一部を一人ずつ声に出して読んでいき、グループの全員で話がつながるように順番に並べます。 □ 時間　　30分 □ レベル　1年目前期以降 □ 形態　　グループ対抗　　　□ 人数　10人以上

何のためのアクティビティ？
ハングルと発音を結びつけるのに役立ちます。

このアクティビティをするためには…
ハングルの字母を一度習った段階で行います。日本語をハングルで書いたものを使うため、韓国語の単語は知らなくても大丈夫です。

準備
・回答用紙（グループに1枚）
・短冊（グループにA〜Jの10枚を1セット、日本語の物語の一部がハングルで書かれたもの）　〈ダウンロード可能〉〈巻末付録参照〉

注意する点
短冊を自分で読まずに他の生徒に見せてしまう生徒がいると、ハングルを読む練習にならないので、注意が必要です。複数のグループで同じ物語を使う場合は他のグループに聞こえないようにします。

バリエーション

難易度は、短冊の長さで調整できます。またクラスの人数によっては、5人グループで短冊を2本ずつにしたり、物語を短くして短冊を減らすこともできます。

アクティビティのすすめ方

> **1 グループをつくる**
> 生徒を10人のグループに分けます。
> 各グループにA～Jの短冊のセットを配布します。

⇩

> **2 A～Jの短冊を配布**
> グループ内で、1人に1枚ずつA～Jの短冊を配布します。このとき短冊の内容は見えないように注意します。

⇩

> **3 内容の確認**
> 生徒は自分の短冊だけを見て読み方を確認します。

⇩

> **4 グループ内で読みあい、聞きあう**
> 自分の短冊の記号（A～J）を伝え、短冊に書かれた文章を読んでグループ内に伝えます。

⇩

> **5 並べ替え**
> メンバー全員で物語の順番になるようにA～Jの順番を考えます。

⇩

> **6 回答作成**
> 並べなおした順番を回答用紙に書いて完成です。
> 教師に報告し、合っていれば終了です。

Ⅵ 文字をおぼえるアクティビティ

41 私の席はどこ？

내 자리는 어디?

概要

- ハングルとひらがなの両方が書かれた名前カードを手がかりに、ハングルの座席表から自分の席をさがします。
- 時間　　5〜10分
- レベル　1年目前期（文字を導入するとき）
- 形態　　個人作業、グループ　　□ 人数　3人以上

何のためのアクティビティ？

ハングルに親しみます。あわせて、ハングルが子音字母と母音字母から成り立っていることが理解できます。また、自分の名前をハングルでどう書くのかを知ることができます。

このアクティビティをするためには…

初めての授業でないとできません。

準備

・座席表（人数分、すべてハングルで書いたもの、できれば手書きがよい）
・名前カード（1枚にハングルとひらがなの両方で生徒の名前を書いたカード。30cm×10cm、できれば手書きがよい）
・マグネット（名前カードを黒板に貼るため）

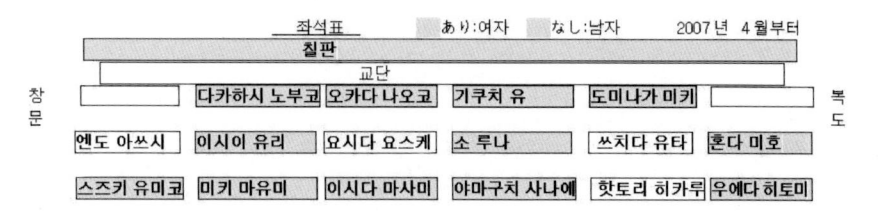

좌석표　　あり:女子　　なし:男子　　2007년 4월부터

칠판

교단

창문　　다카하시 노부코　오카다 나오코　기쿠치 유　도미나가 미키　　복도

엔도 아쓰시　이시이 유리　요시다 요스케　소 루나　쓰치다 유타　혼다 미호

스즈키 유미코　미키 마유미　이시다 마사미　야마구치 사나에　핫토리 히카루　우에다 히토미

注意する点
生徒の名前の読み方は事前に担任等にしっかり確認しておきましょう。

バリエーション
前後左右の人とあいさつをしたり、名前を聞いてハングルで書き写したりすれば、自己紹介のワークに移行できます。

現場からのひとこと
最初の授業で文字を導入するアクティビティとしてお勧めです。

アクティビティのすすめ方

---
1 着席の指示
生徒の席を指定せず、任意の場所に座らせます。

---
2 名前カードを掲示
名前カードを黒板にばらばらに貼ります。

---
3 座席表を配布
生徒の名前がハングルで書かれた座席表を全員に配ります。

---
4 席の移動
生徒は黒板から名前カードをとり、座席表と照らしあわせて、指定された席に移動します。

---
5 名前を写す
生徒は自分の名前を授業用のノートの表紙にハングルで書き写します。

VII 書きの総合練習のためのアクティビティ
42 詩の朗読

시 낭독

概要
☐ 詩を朗読し、その朗読を生徒同士で評価をし合います。 ☐ 時間　　50分 ☐ レベル　1年目後期 ☐ 形態　　個人作業　　　　　　☐ 人数　　1グループ4人

何のためのアクティビティ？
朗読の練習を通して、詩の表現を味わうことができるようになります。

このアクティビティをするためには...
ハングルで書かれた文を読めることが必要です。

準備
・詩のプリント（人数分、윤동주の「서시」や 김소월の「진달래」など」
・評価シート（人数分、他の生徒の発表に対する評価を記入する）〈ダウンロード可能〉〈巻末付録参照可能〉

注意する点
・日本語訳はあらかじめ印刷しておくと時間を短縮できます。
・詩の朗読にかかる時間を計算しておくことが必要です。

現場からのひとこと
1年間の締め括りの授業として実施するのに最適です。生徒たちは達成感を感じることができます。

アクティビティのすすめ方

1 プリントを配る
生徒に詩のプリントと評価シートを配ります。

2 朗読の練習
全員で詩の読み方を練習した後、各自で朗読の練習を行います。発音だけでなく、評価項目にも気を配って練習します。

3 朗読
1人ずつ前に出て、詩を朗読します。
他の生徒は評価項目に従って朗読を評価します。

4 結果発表
評価シートを回収し、集計します。
評価が一番良かった生徒を表彰します。

Ⅶ 書きの総合練習のためのアクティビティ

43 タルリヌン パダッスギ

달리는 받아쓰기

> **概要**
> ☐ グループの各メンバーがそれぞれの役割を担い、教師から出される質問に、協力して答を導き出します。最初に全問正解したグループが勝ちです。
> ☐ 時間　　30～50分
> ☐ レベル　1年目後期以降
> ☐ 形態　　グループ対抗　　　☐ 人数　1グループ4人

何のためのアクティビティ？

英語教育で大規模クラス活性化のために編み出されたゲームです。単語の定着、聞き取り、文法定着、自己表現のすべてに対応できます。

このアクティビティをするためには…

ハングルを読み書きできることが必要です。

準備

・チェックシート（グループに1枚、正解チェックをもらうためのもの）
・個人シート（人数分、聞き取った質問と答えを書くための欄が用意されたもの）
・読み取りのためのテキスト（教科書でも可能）
・質問（4人グループで一人当たり2問、テキストの内容から出題）
＊チェックシート・個人シートは〈ダウンロード可能〉〈巻末付録参照〉

注意する点

ティーム・ティーチングで行なうのが望ましいアクティビティです。教師1人でもできますが、質問したりチェックしたりでかなり忙しくなります。

バリエーション
韓国語で質問を聞き取ることが難しい場合は、教師Bが日本語で質問を出し、生徒が教師Aに韓国語で答える方法もあります。

アクティビティのすすめ方

1 グループをつくる
4人のグループに分け、チェックシートと個人シートを配布。チェックシートの各質問番号の下に、その回答を担当する生徒の名前を書きます。

⇩

2 質問
質問1に回答する生徒が、教師Aのもとに集まります。教師Aがその生徒に質問し、生徒はそれを聞き取ります。

⇩

3 グループで相談
生徒はグループに戻り、聞き取った質問をメンバーに伝えます。グループ全員でテキストを読んで相談し、各自個人シートの質問1欄にその質問と答えをハングルで書きます。

⇩

4 担当生徒が回答
質問1担当の生徒は回答を覚え、チェック担当教師Bのところへチェックシートだけを持って行き、回答します。
正解ならばサインをもらって質問2に進みます。間違ったら、生徒はグループに戻ってやり直します。教師Aに質問を再度確認してもかまいません。

⇩

5 ゲーム終了
いずれかのグループが全問正解したら、ゲームを終了します。

Ⅶ 書きの総合練習のためのアクティビティ

44 天気予報

일기예보

概要

- 新聞の天気予報欄を見て、各地の天気・気温を読み取ります。また、その内容をみんなに発表します。
- 時間　　50分
- レベル　1年目後期以降
- 形態　　個人作業　　　　　　　□ 人数　1人以上

何のためのアクティビティ？

天気予報欄に書かれた情報を読み取り、その内容を言えるようになります。

使用語彙・文型例

- 맑음・구름・비・흐림・눈・최고 기온・최저 기온
- ～예요/이에요
- 漢数詞

準備

- 韓国の新聞の天気予報欄（人数分）
- ワークシート（人数分）〈ダウンロード可能〉〈巻末付録参照〉

現場からのひとこと

韓国の新聞を用いることで、韓国内の地理にも関心を持たせることができます。

注意する点

気候に関する語彙の練習や、提示した地名の場所を説明しておくことが必要です。漢数詞も使用しますが、漢数詞導入のアクティビティとしては不向きです。

バリエーション

インターネットの記事を使ったり、2種類の新聞の天気予報欄を比較させることもできます。世界の天気や、日本各地の天気予報を教材としてもできます。

アクティビティのすすめ方

1 資料配付
生徒に新聞の天気予報欄のコピーとワークシートを1枚ずつ配布します。

⇩

2 表現を確認する
気候に関する語彙と表現を全員で確認します。

⇩

3 ワーク
生徒は新聞記事を見ながら、各地の天気をワークシートに記入します。

⇩

4 答えあわせ
教師 ：A 씨, 서울 날씨가 어때요?
生徒A：비예요..
教師 ：최고 기온은 몇 도예요?
生徒A：27 도예요.

⇩

5 まとめ
天気予報に関する語彙を確認します。ワークシートは教師が回収し、チェックします。

Ⅶ 書きの総合練習のためのアクティビティ

45 伝言ゲーム

말 전달하기 게임

概要
☐ 口頭で伝えるだけでなく、文字も使って伝える伝言ゲームです。
☐ 時間　　20分
☐ レベル　1年目前期以降
☐ 形態　　グループ対抗
☐ 人数　　1グループ4人、グループ数2～3

何のためのアクティビティ？
単語を発音し、聞いて書く練習を総合的に行います。

このアクティビティをするためには…
ハングルを読み書きができることが必要です。また、ゲームで使う単語は既習のものが適しています。

準備
・単語カード（1グループに4～5枚、各グループごとに異なる問題を用意する）
・単語一覧表（人数分、出題するすべての単語カードの単語の一覧表）
・白紙（人数分、次の人に伝えるハングルを書くためのもの）

生徒の並び方							
1回目	👤	A→発音→	👤	B→文字→	👤	C→発音→	👤 D→黒板
2回目	👤	D→発音→	👤	A→文字→	👤	B→発音→	👤 C→黒板

注意する点

人数が多過ぎると、グループの数が多くなり、それぞれのグループに単語を見せることが難しくなります。2～3チームが適当です。

アクティビティのすすめ方

```
1  言葉の準備
使用する単語の一覧表を配り、発音や綴りを確認させます。
```
⇩
```
2  グループ分け
生徒を1グループ4人程度に分け、グループごとに縦に並んで席に座らせます。
```
⇩
```
3  出題
教師が、各グループの先頭の生徒Aに、それぞれ違う単語カードを見せます。生徒には渡さず、その場で覚えさせます。
```
⇩
```
4  伝言を伝える
生徒は、発音か文字で次の生徒に伝えます。最後の生徒は答えを黒板に書きます。
```
⇩
```
5  判定
回答が正解であれば、生徒Dが一番前に移り、D,A,B,Cの順番になるように席を移動して次の問題に移ります。
間違っていた場合は、同じ単語で先頭からやり直します。
```
⇩
```
6  勝敗
制限時間内に一番多くの単語を伝えたグループが勝ちです。
```

●巻末付録●
ワークシート

・収録アクティビティの番号・

| 3 | 5 | 11 | 13 | 22 | 24 | 26 | 28 | 30 | 31 |
| 33 | 34 | 36 | 37 | 38 | 39 | 40 | 42 | 43 | 44 |

3．公園はどこにある？

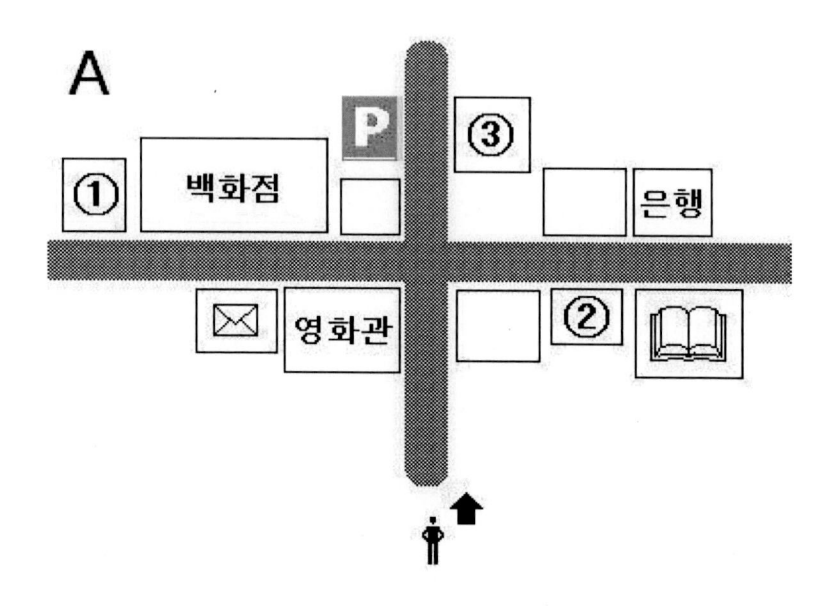

A

백화점　　P　　③　　은행

영화관　　　　②　　📖

以下のaからcの場所がどこにあるかをパートナーに聞いて、下線部に数字を書きましょう。

〜가/이 어디에 있어요？

a. 식당　　　　　_____

b. 호텔　　　　　_____

c. 꽃집　　　　　_____

B

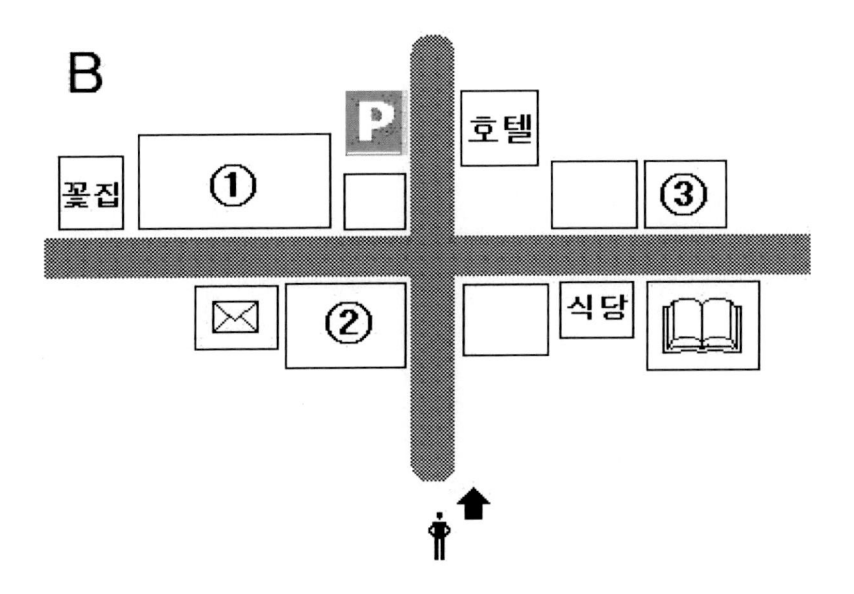

꽃집　①　P　호텔　③
✉　②　식당　📖

以下のaからcの場所がどこにあるかパートナーに聞いて、下線部に数字を書きましょう。

💬 ~가/이 어디에 있어요?

a. 은행　_____

b. 백화점　_____

c. 영화관　_____

5. これは何という意味？

用紙A

1 영화 映画	2 드라마	3 노래 歌	4 운동
5 토끼	6 고양이 猫	7 돼지	8 개 イヌ
9 물	10 라면	11 우유 牛乳	12 커피 コーヒー
13 꽃	14 모자	15 옷 服	16 구두 くつ

* 漢数字の読み方

1	2	3	4	5	6	7	8	9	10
일	이	삼	사	오	육	칠	팔	구	십

用紙B

1 영화	2 드라마 ドラマ	3 노래	4 운동 運動
5 토끼 うさぎ	6 고양이	7 돼지 ぶた	8 개
9 물 水	10 라면 ラーメン	11 우유	12 커피
13 꽃 花	14 모자 帽子	15 옷	16 구두

* 漢数字の読み方

1	2	3	4	5	6	7	8	9	10
일	이	삼	사	오	육	칠	팔	구	십

11．エチュイって何の音？

1　先生の発音をカタカナで書き取ってみましょう。
2　それを表しているハングルを、下の表から選んで書き入れましょう。
3　それと同じ、日本語を下から選んで書き入れましょう。

	カタカナ	ハングル	日本語で
1			
2			
3			
4			
5			
6			

ハングル

콜록콜록　　에취　　쑥쑥　　쿵　　딩동　　따르릉

日本語

ゴホンゴホン　　ピンポン　　リンリン　　ハクション　　ドスン　　グングン

１３．動物の鳴き声

次の鳴き声はどの動物のものでしょう。

울음 소리 （鳴き声）	聞こえた通りカタカナで書きましょう。	動物名 （ハングルで）	動物名 （日本語で）
찍 찍			
꼬꼬댁			
삐악			
음매			
야옹야옹			
멍멍			
매			
어흥			
히힝			
꿀꿀			

쥐	호랑이	양	돼지	닭	고양이	말	소	병아리	개
ねずみ	とら	ひつじ	ぶた	にわとり	ねこ	うま	うし	ひよこ	いぬ

22. 単語探しシート

マス目の中隠れている単語を探してみましょう。
　【探し方】　・単語は→か↓の方向に読みます。
　　　　　　　・それぞれの文字は1回ずつ使います。

코	가	위	돼	지
교	회	지	우	개
과	사	취	미	왜
서	스	웨	터	사
의	자	뭐	귀	과

○見つけた単語を書き出して、意味も書いてみましょう。

1. _____ (　　　　　)　　2. _____ (　　　　　)
3. _____ (　　　　　)　　4. _____ (　　　　　)
5. _____ (　　　　　)　　6. _____ (　　　　　)
7. _____ (　　　　　)　　8. _____ (　　　　　)
9. _____ (　　　　　)　　10. _____ (　　　　　)
11. _____ (　　　　　)　　12. _____ (　　　　　)
13. _____ (　　　　　)

正解　코, 가위, 돼지, 교과서, 회사, 지우개, 취미, 왜, 스웨터, 의자, 뭐, 귀, 사과

24. ビンゴ！

単語リストから自由に16単語を選らび、マスに書き入れましょう

_____학년_____반_____이름_____

26．韓国の記念日

①신정　　　シンジョン	新正月	1月1日
②구정　　　クジョン	旧正月	旧暦1月1日
③삼일절　　サミルチョル	三一節	3月1日
④어린이날　オリニナル	こどもの日	5月5日
⑤석가탄신일　ソッカタンシニル	釈迦誕生日	旧暦4月8日
⑥현충일　ヒョンチュンイル	顕忠日	6月6日
⑦광복절　クァンボクチョル	光復節	8月15日
⑧추석　　　チュソク	秋夕	旧暦の8月15日
⑪개천절　　ケチョンジョル	開天節	10月3日
⑫성탄절　　ソンタンジョル	クリスマス	12月25日

⑬2월 14일	발렌타인데이
⑭3월 14일	화이트데이
⑮4월 14일	블랙데이
⑯5월 14일	로즈데이
⑰6월 14일	키스데이

28. 四則演算

1　足し算、引き算、掛け算、割り算の言い方を覚えよう。

足し算	＋	더하기	トハギ
引き算	－	빼기	ペギ
掛け算	×	곱하기	コッパギ
割り算	÷	나누기	ナヌギ
は	＝	는/은　※	ヌン/ウン

※前にパッチムがないときは、あるときは을を使います。

2　例を見て、下の表の空欄を埋めよう。

例　오 빼기 사는 일.	5－4＝1
例　이 더하기 일은 삼.	2＋1＝3
A　삼 더하기 육은 (　　　　)	(　　　　　　　)
B　(　　　　　　　　　)	(　　　) ＋1＝8
C　십 빼기 오는 (　　　　)	(　　　　　　　)
D　(　　　　　　　　　)	(　　　) －8＝5
E　사 곱하기 이는 (　　　)	(　　　　　　　)
F　(　　　　　　　　　)	2 (　　) 3＝6
G　십이 나누기 삼은 (　　)	(　　　　　　　)
H　(　　　　　　　　　)	20 (　　) 4＝5

학년　　　반　　　이름

30. 何時ですか

出題者 _____　　回答者 _____　　点数 _____

奇数の欄には時計の針を書き、偶数の欄には時刻をハングルで書いて、問題を作ります。

【時計を読んで時刻を書きこむ】	【時刻を読んで時計に針を書きこむ】
① 시　　　　분	② 시　　　　분
③ 시　　　　분	④ 시　　　　분
⑤ 시　　　　분	⑥ 시　　　　분
⑦ 시　　　　분	⑧ 시　　　　분

31. 辞書引き競争

下の韓国語 28 個を辞書で引いて、その日本語訳を表の中から探し、マスを塗りつぶして下さい。28 個全て塗りつぶすと、ハングル 1 字の単語が現れます。それをまた辞書で引いて、日本語訳を書きなさい。

答え ＿＿＿＿＿＿＿＿＿＿

방 노래 사전 불 하늘 해 바다 교과서 나무 가게 은행 도서관

호텔 오늘 어제 우리 가수 아침 여름 바람 비 자전거 왼쪽 여기

얼마 많다 정말 싫다

ない	高い	早く	みんな	部屋	痛い
歌	辞書	火	近い	そら	知る
太陽	雲	前	外	海	教科書
木	公園	市場	猫	店	夜
銀行	図書館	ホテル	冬	今日	犬
鳥	春	酒	星	山	仕事
席	きのう	私たち	歌手	朝	果物
川	時間	息子	男	夏	女
人	風	雨	自転車	左	右
色	ここ	桜	去年	カバン	道路
鏡	いくら	たくさん	本当に	嫌だ	家

３３．台風の名前

先生が発音する台風の名前を語群から探し、正しく書き写してみましょう。

台風名をハングルで書く	発音をひらがなで書く	意味を日本語で書く
1		
2		
3		
4		
5		
6		
7		
8		
9		
10		

기러기 がん（雁）	도라지 ききょう	갈매기 かもめ	매미 せみ	메아리 やまびこ
개미 あり	나리 ゆり	장미 ばら	수달 かわうそ	노루 のろ（鹿）
소나무 まつ（松）	버들 やなぎ（柳）	봉선화 ほうせんか	민들레 たんぽぽ	날개 つばさ
제비 つばめ	너구리 たぬき	고니 うましか	메기 なまず	나비 ちょう

34. どこの国？

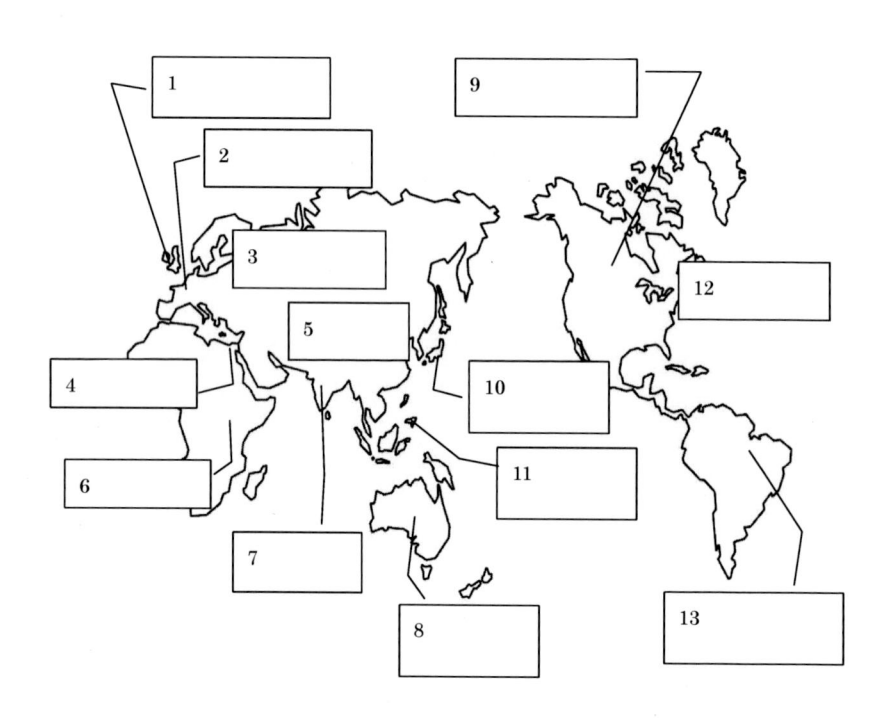

1		9	
2			
3			12
5			
4		10	
6		11	
7			
	8	13	

러시아   브라질   이집트

인도   일본   중국

필리핀   캐나다   케냐   프랑스

미국   영국   호주

36. ハングル ナンプレ

横縦それぞれ一列、または実線で区切られた９マスに同じ字母が入らないように空欄をうめてください。

	ㄹ			ㅈ	ㅂ	ㅅ		
	ㅅ						ㄱ	ㄷ
ㅈ				ㅅ				
ㄱ			ㄷ		ㅁ			
ㅁ		ㅅ				ㄱ		ㅇ
			ㅅ		ㅇ			ㄹ
				ㄷ				ㅈ
ㄴ	ㅁ						ㅇ	
		ㅇ	ㅈ	ㅁ		ㅅ		

ㄱ	ㄴ	ㄷ	ㄹ	ㅁ	ㅂ	ㅅ	ㅇ	ㅈ

正解

ㅇ	ㄹ	ㄷ	ㄱ	ㅈ	ㅂ	ㅅ	ㄴ	ㅁ
ㅂ	ㅅ	ㅁ	ㄴ	ㅇ	ㄹ	ㅈ	ㄱ	ㄷ
ㅈ	ㄴ	ㄱ	ㅁ	ㅅ	ㄷ	ㅇ	ㄹ	ㅂ
ㄱ	ㅇ	ㄹ	ㅁ	ㄷ	ㅂ	ㅁ	ㄴ	ㅈ	ㅅ
ㅁ	ㅂ	ㅅ	ㄹ	ㄴ	ㅈ	ㄱ	ㄷ	ㅇ
ㄷ	ㅈ	ㄴ	ㅅ	ㄱ	ㅇ	ㅁ	ㅂ	ㄹ
ㅅ	ㄱ	ㅂ	ㅇ	ㄷ	ㄴ	ㄹ	ㅁ	ㅈ
ㄴ	ㅁ	ㅈ	ㅂ	ㄹ	ㅅ	ㄷ	ㅇ	ㄱ
ㄹ	ㄷ	ㅇ	ㅈ	ㅁ	ㄱ	ㅂ	ㅅ	ㄴ

37. ハングルパズル

下のマスに次の単語がすべて入ります。組み合わせを考えて入れてみましょう。

3자리
- 경무관
- 고엽제
- 병참선
- 비수기
- 사학과
- 성직자
- 영양가
- 원시인
- 전화기
- 주지사

4자리
- 가변익기
- 경기체가
- 경영학과
- 경제속도
- 고고학과
- 고려자기
- 고정독자
- 교감신경
- 교통사고
- 구수회의
- 기념주화
- 기사회생
- 대과급제
- 대선거구
- 도약경기
- 등장인물
- 등화관제
- 물병자리
- 사대기서
- 사탕수수
- ~~서부영화~~
- 서비스업
- 서양장기
- 수석졸업
- 양가자제
- 양상군자
- 자력갱생
- 자수성가
- 제국주의
- 제비추리
- 제조원가
- 회상전화

38. ハングルの法則探し

1から16はすべて日本の県名です。1番はヒロシマです。これをヒントに、全部読んで文字の一覧表を作りましょう。

1	히로시마	9	아오모리
2	아이치	10	사이타마
3	기후	11	나가노
4	미에	12	에히메
5	이시카와	13	시마네
6	야마가타	14	나가사키
7	카고시마	15	오키나와
8	쿠마모토	16	나라

m	n	'	r
		○	

g	d	j	b

k	t	ch	p

s	h

a	i	u	e	o

ya		yu		yo

読めた地名を参考にして、ハングルで書いてみましょう。

かながわ		いしかわ	
やまなし		とくしま	
あきた		いばらき	

39. ハングル読み書き

次のハングルをひらがなに、ひらがなをハングルに書き換えましょう。

1	아메아가리	
2	가미나리가 나루	
3	다노시쿠 우타우	
4	아타마가 이타이데수	
5	후유노 소나타오 미타	
6	はなが さいた	
7	にじが でた	
8	はやおき する	
9	よこはまに いく	
10	おちゃお のむ	

40. 物語の並べ替え

必要な枚数をコピーし、短冊に切って使用してください。

桃太郎

(A) 나카카라 코도모가 데테 키마시타.
(B) 모모오 와루토...
(C) 모모타로오와 오니타이지니 이키마시타.
(D) 무라니 타카라오 모치카에리마시타.
(E) 소노 모모오 이에니 모치카에리 마시타.
(F) 오니가시마데 오니오 타이지시테...
(G) 오바아산가 카와데센타쿠시테이루토...
(H) 카와카미카라 모모가 나가레테 키마시타.
(I) 코도모노 나마에오 모모타로오니 시마시타.
(J) 키지토 이누토 사루오 오토모니 시마시타.

浦島太郎

(あ) 무라니 카에루토 다레모 시리마센.
(い) 류우구우조오니 안나이 시마시타.
(う) 우라시마 타로오와 카메오 타수케 마시타.
(え) 오지이산니 나리마시타.
(お) 오토히메사마와 타마테바코오 쿠레마시타.
(か) 카메오 이지메테 이마시타.
(き) 카메와 우라시마 타로오니 간샤시테...
(く) 타마테바코오 아케루토...
(け) 타쿠산노 고치소오오 타베마시타.
(こ) 하마데 코도모타치가...

42. 詩の朗読

評価シート

詩の作者	詩の名前

朗読した人		
発音	5 4 3 2 1	一言
正しく読めたか	5 4 3 2 1	一言
流暢（りゅうちょう）さ	5 4 3 2 1	一言
全体的な印象	5 4 3 2 1	一言

_____月 _____日実施

評価した人 _____

43. タルリヌン パダッスギ

(チェックシート)【　】組　(　　　　　　　　　)

1	2	3	4
5	6	7	8

(提出用)　【　】組　(　　　　　　　　　)

#		
1	Q	
	A	
2	Q	
	A	
3	Q	
	A	
4	Q	
	A	
5	Q	
	A	
6	Q	
	A	
7	Q	
	A	
8	Q	
	A	

44. 天気予報

新聞の天気予報の記事を見ながら、各地の天気と最高・最低気温を書きましょう。

地名	天気	最高気温	最低気温
1 서울			
2 부산			
3 목포			
4 제주			
5 대구			
6 울릉도			
7 평양			

학년   반   이름

JAKEHS 教室活動集編集チーム（五十音順）
　　芦田麻樹子　伊藤浩美　遠藤正承　小野寺さとみ
　　孫永善（チーム長）　長渡陽一　朴敬玉　増島香代
　　山下誠

アクティビティ提供者（五十音順，数字はアクティビティの番号）
　　芦田麻樹子 3, 22, 30, 45　伊藤浩美 8, 20, 24　遠藤正承
　　11, 12, 13, 26, 28, 33, 41, 42, 44　小野寺さとみ 2, 16
　　澤邉裕子 9, 14, 18　孫永善 4, 6, 15, 17, 21, 23, 24, 27, 35
　　田代博信 8　全勝江 29　長渡陽一 1, 20, 31, 34, 36, 37,
　　38, 39, 40　林久美子 10　朴敬玉 25　阪堂千津子 5,
　　32　増島香代 19, 43　山下誠 7

レイアウト　長渡陽一　芦田麻樹子
韓国語版冊子作成　孫永善　尹貞源

イラスト　劉隆年

すぐに使える 韓国語アクティビティ 45

2009 年 7 月 1 日　初版発行
2023 年 11 月 30 日　2 刷発行

編　著　JAKEHS 教室活動集編集チーム
発行者　佐藤和幸
発行所　白帝社
　　　　〒171-0014　東京都豊島区池袋 2-65-1
　　　　電話　03-3986-3271
　　　　FAX　03-3986-3272（営）/03-3986-8892（編）
　　　　info@hakuteisha.co.jp
　　　　https://www.hakuteisha.co.jp

印刷・製本　大倉印刷

Printed in Japan〈検印省略〉6914　　ISBN978-4-89174-976-7
＊定価は表紙に表示してあります

すぐに使える
韓国語アクティビティ45

本文韓国語訳

한국어 네이티브 교사의 이해를 돕기 위해서
본문 중 개요, 준비, 진행 방법을 부분 번역한
것입니다. 全文 번역이 아닌 점 양해를 바랍니다.

JAKEHS 教室活動集編集チーム

1. 인터뷰 빙고: 학생들끼리 가고 싶은 나라에 대해 인터뷰를 한 뒤 빙고 시트를 만들어 빙고를 합니다.
시간 30 분/ 1 년째 전기 이후/ 개인 대항/ 10 명 이상/ 준비: 메모 용지, 빙고 시트, A4 용지
진행 방법 1.「어느 나라에 가고 싶어요?」「～에 가고 싶어요」 등, 학생이 가고 싶은 국명을 넣어서 연습합니다. 2. 학생은 가고 싶은 나라와 이름을 메모 용지에 쓰고, 교사가 회수합니다. 3. 학생은 빙고 시트를 가지고 교실 안을 다니면서 임의의 학생 9 명에게 인터뷰를 합니다. 시트의 각 칸의 상단에는 상대방의 이름을, 하단에는 가고 싶은 나라를 일본어로 써 넣습니다. 4. 교사는 회수한 메모의 국명을 한국어로 말해 줍니다. 학생은 시트 위의 그 국명을 찾아서 체크를 합니다.(다른 학생의 이름으로 같은 나라 이름이 들어 있는 경우도 있습니다.) 5. 빙고가 된 학생은 「빙고!」하고 외치고, 빙고줄의 3 사람분을 「○○씨는 △△에 가고 싶어요」라고 보고하고, 교사는 메모를 보고 확인합니다. 3 사람이 빙고가 되면 게임을 끝냅니다 6. 학생에게 백지를 나누어 줍니다. 학생은 각 칸의 학생 이름과 나라 이름을 전부 한글로 씁니다. 교사가 회수하여 체크합니다.

2. 어제 뭐 했어요? : 짝을 지어 어제 한 일을 서로 묻습니다. 들은 것을 교사가 질문하면 대답합니다.
시간 15 분/ 1 년째 전기 이후/ 페어 작업/ 4 명 이상/ 준비: 특별히 없음
진행 방법 1.「어제 뭐 했어요?」학생에게서 나올 만한 대답의 동사를 과거형으로 연습합니다. 갔어요, 공부했어요, 먹었어요 등. 목적어나 장소 등도 이미 배운 경우는 그 연습도 해 둡니다. 2. 페어를 만듭니다 3. 상대가 어제 무엇을 했는지 묻습니다 (학생 A: 어제 뭐 했어요? 학생 B: 친구를 만났어요.) 3. 교사의 질문에 대답합니다. 교사는 학생 A 에게 학생 B 가 무엇을 했는지 묻는다. (교사: A 씨, B 씨는 어제 뭐 했어요? 학생 A: B 씨는 어제 친구를 만났어요.) 학생 전원이 질문에 대답을 다하면 끝입니다.

3. 공원이 어디에 있어요? : 페어가 서로 정보가 다른 지도를 보면서 상대방이 질문한 장소를 가르쳐 줍니다.
시간 20 분/ 1 년째 전기 이후/ 페어 작업/ 2 명 이상/ 준비: 자료 A 와 B
진행 방법 1. 다음 표현을 확인합니다.「～에 있어요?」 3~4 명의 학생 이름을 넣어서 전원 대답을 하게 한다. 2. 학생을 페어로 만들어 페어의 한 사람인 A 에게 지도 A 를 다른 한 사람 B 에게 지도 B 를 나누어 줍니다. 3. 리스트에 있는 시설의 위치를 묻습니다.(학생 A:도서관이 어디에 있어요?

학생 B: 도서관은 공원 옆에 있어요.) 4. 지도의 빈 칸에 한글로 시설명을 기입합니다. 질문과 대답하는 역할을 교대하면서 리스트에 있는 시설을 전부 기입하면 완성입니다. 4. 페어가 서로 지도를 보여 주면서 바르게 기입했는지 체크합니다.

4. 이 볼펜 누구 거예요? : 학생의 소지품을 모아서 하나씩 누구 것인가를 묻습니다.
시간 15 분/ 1 년째 전기 이후/ 개인 대항/ 5~15 명 정도 이내/ 준비: 투명하지 않은 봉지 하나
진행 방법 1. 학생에게 임의의 소지품을 하나씩 내게 하여 교탁이나 앞쪽 책상 위에 놓습니다. 2. 질문① 교사가 물건을 하나씩 「이 ~ 누구 거예요?」라고 질문하면서 봉지에 넣습니다. 배우지 않은 단어는 그 자리에서 교사가 가르쳐 줍니다. 3. 대답① 물건 주인이 「제 거예요」라고 대답합니다. (맨먼저 학생에게는 교사가 「제 거예요」라고 대답을 제시합니다. 모든 물건에 대해서 질문①과 대답①을 반복합니다. 모든 물건에 대해 질문이 끝나면 질문②로 넘어갑니다. 4. 질문② 학생을 한 사람씩 앞으로 불러냅니다. 앞으로 나온 학생은 봉지 속에서 물건을 하나 꺼내 다른 학생을 지명하여 「~씨, 이 ~ 누구 거예요?」라고 질문합니다. 5. 대답② 지명받은 학생은 물건 주인을 알 경우에는 「~씨 거예요」라고 대답합니다. 물건은 주인에게 돌려줍니다. 지명받은 학생이 물건 주인을 모를 경우에는 「모르겠어요」라고 대답합니다. 질문하는 학생은 모두를 향해「이 ~ 누구 거예요?」라고 묻습니다. 물건 주인이 「제 거예요」라고 대답하며 그 물건을 받아 갑니다. 전원이 질문을 다 하면 끝입니다.

5. 이거 무슨 뜻이에요? : 페어가 서로 단어의 읽는 법과 뜻을 묻습니다.
시간 20~40 분/ 1 년째 전기 이후/ 페어 작업/ 2 명 이상 /준비: 워크 시트 A 와 B
진행 방법 1. 「~번은 무슨 뜻이에요?」「어떻게 읽어요?」질문하는 연습을 합니다. 사용할 단어는 연습하지 않습니다. 2. 학생을 페어로 만들어 페어 A 에게는 워크 시트 A 를, 페어 B 에게는 워크 시트 B 를 배부합니다. 3. 자기 시트에 뜻이 쓰여 있지 않은 단어의 발음을 묻습니다. 「1 번은 어떻게 읽어요?」 상대방 학생은 자기 시트를 보면서 「영화예요」라고 대답합니다. 4. 그 다음은 단어의 뜻을 묻습니다. 「무슨 뜻이에요?」상대방 학생은 시트를 보고 뜻을 「일본말로 えいが예요」라고 대답합니다. 답을 써 넣습니다.

6. 취미 뭐예요?: 페어로 서로 취미를 묻고 파트너의 대답을 모두에게 발표합니다.
시간 15분/ 1년째 전기 이후/ 페어 작업/ 4명 이상/ 준비: A4 백지
진행 방법 1.「취미 뭐예요?」「~예요/이에요」「~씨 취미는 뭐예요?」표현을 연습, 취미에 관한 어휘를 확인합니다. 2. 페어를 만들어 서로 상대방의 취미를 묻습니다. (학생 A: 취미 뭐예요?, 학생 B: 여행이에요) 3. 백지를 나누어 줍니다. 4. 학생은 한 사람씩 페어인 상대방의 취미를 발표합니다. (학생 A: ~씨 취미는 여행이에요) 다른 학생은 발표 내용을 백지에 씁니다. 교사도 학생의 발표 내용을 메모해 둡니다. 5. 모든 학생의 발표가 끝나면 종료입니다. 학생이 쓴 것을 교사가 회수합니다.

7. 교무실 돌격 인터뷰: 페어로 교무실로 가서 선생님께 인터뷰를 하고 그 결과를 발표합니다.
시간 30분/ 1년째 전기 이후/ 페어 작업/ 4명 이상/ 준비: 메모 용지
진행 방법 1. 학생끼리 「~씨는 A형이에요? B형이에요?」「~형이에요.」를 연습합니다. 2. 페어를 만듭니다. 3. 교무실에 가서 가능한 한 많은 선생님께 혈액형을 일본어로 묻고 백지에 메모합니다. 제한 시간은 교실을 출발해서 돌아오는데까지 10분으로 합니다. 4. 교사가 어느 선생님이 무슨 형인지를 질문하고, 먼저 대답할 수 있는 학생이 대답합니다. 대답한 학생에게 1점을 줍니다. (교사: ~선생님은 A형이에요? B형이에요?」 학생: 「B형이에요」) 5. 교사의 질문이 끝났을 때 가장 득점이 많은 학생이 이깁니다.

8. 명함 교환 : 한글로 명함을 만들어 서로 자기 소개를 합니다.
시간 15~30분/ 1년째 전기/ 개인 작업/ 4명 이상/ 준비: 명함 크기의 종이, 제출용 백지
진행 방법 1. 「이름이 뭐예요?」「저는 ~입니다」~에 이름을 몇 개 넣어서 연습합니다. 「반갑습니다」그 밖에 「안녕하세요?」등 인사를 넣어서 해도 됩니다. 2. 명함 사이즈의 종이를 한 사람당 3~5장씩 배부합니다. 3. 학생은 배부된 종이 전부에 자기 이름을 한글로 써서 명함을 만듭니다. 4. 그 명함을 가지고 교실 안을 다니면서 자기 소개를 하고 명함을 교환합니다. 「저는 ~입니다」「반갑습니다」한 사람과 명함교환이 끝나면 다른 학생과 명함을 교환합니다. 5. 손에 자기 명함이 없어진 학생부터 자기 자리로 돌아갑니다. 6. 학생에게 백지를 배부합니다. 학생은 받은 명함의 리스트를 한글과 가나로 베껴씁니다. 리스트는 교사가 회수합니다.

9. 자기 소개 파일 만들기 : 파워포인트를 이용하여 음성 녹음을 넣어서 자기 소개 파일을 만듭니다
제작 시간 1 시간, 발표 시간 1 인당 2 분/ 1 년째 전기 이후/ 개인 작업/ 3 명 이상/ 준비: 사진, 컴퓨터, 마이크
진행 방법 1. 교사는 수업 시작하기 전에 파워포인트에 각 학생의 사진을 넣어 둡니다. 2. 학생은 자기 소개(이름, 학교명, 학년, 가족, 취미 등) 문장을 일본어로 만듭니다. 교사는 그것을 한국어로 번역한 것을 준비하여 학생에게 줍니다. 3. 자기 소개 문장을 한국어로 발음 연습을 합니다. 4. 파워포인트로 음성을 녹음합니다. 5. 파워포인트가 완성되면 반에서 발표회를 합니다.

10. 한글 작품: 한국의 노래나 시를 배우고 가사나 시를 한글 작품으로 만듭니다.
시간 1~2 시간/ 1 년째 후기 이후/ 개인 작업/ 3 명 이상/ 준비: 두꺼운 펜, 칼라펜 등, B5 용지, 바탕지용의 색도화지, 노래 가사 프린트
진행 방법 1. 노래를 몇 개 교사가 낭독으로 또는 음악으로 들려 주는 방법으로 소개합니다. 2. 학생이 각자 좋아하는 노래를 선택하면 교사는 각자가 선택한 노래 가사를 배부합니다. 3. 각자 가사를 보면서 발음 연습을 합니다. 4. B5 용지를 배부하고, 학생은 가사를 보고 씁니다. 가사 뿐만 아니라 일러스트 등을 넣어서 그려도 좋습니다. 5. 학생이 좋아하는 색의 바탕지를 골라 B5에 쓴 노래 가사를 붙이면 완성입니다. 6. 연습한 가사를 반에서 낭독 발표합니다.

11. '에취'는 무슨 소리일까요? : 교사가 읽는 의성어, 의태어의 발음을 듣고 무슨 소리인가를 맞추어 봅니다
시간 5 분/ 1 년째 전기 이후/ 개인 작업/ 1 명 이상/ 준비 : 워크 시트
진행 방법 1. 워크 시트를 배부합니다. 2. 교사가 한국어의 의성어, 의태어를 읽습니다. 학생은 가타카나로 발음을 받아 적고, 워크 시트에 있는 한국어 리스트에서 그 발음에 해당하는 의성어, 의태어를 골라냅니다. 또 일본어 리스트에서 같은 소리를 나타내는 의성어, 의태어를 고릅니다. 3. 모든 의성어, 의태어를 다 읽은 뒤 한번 더 발음을 들으면서 전원이 정답을 확인합니다.

12. 이 한자어 알아요? : 교사가 읽는 한자어를 히라가나 또는 가타카나로 받아 쓰고, 그 뜻을 추측하여 일본어로 씁니다.
시간 10 분/ 1 년째 전기 이후/ 개인 작업/ 1 명 이상/ 준비 : 워크 시트

진행 방법   1. 학생에게 교사가 발음하는 단어를 가타카나로 쓰게 합니다. 교사가 읽는 단어(계산, 약속, 도착...) 2. 발음을 들려준 뒤 그 단어의 뜻도 생각하게 합니다. 3. 몇 개의 단어를 읽은 뒤, 정답을 맞추어 봅니다. 모두 한자어라는 것을 설명합니다.

13. 동물 울음 소리 : 교사가 읽는 의성어의 발음을 듣고, 무슨 동물의 울음 소리인지를 맞춥니다.
시간 10 분/ 1 년째 전기 이후/ 개인 작업/ 1 명 이상/ 준비 : 워크 시트
진행 방법   1. 학생에게 워크 시트를 1 장씩 배부하고 게임의 진행 방법을 설명합니다. 2. 교사가 워크 시트의 순서대로 동물의 울음 소리를 2 번씩 읽습니다. 학생은 들리는 대로 발음을 가타카나로 받아씁니다. 3. 워크 시트에 있는 어군에서 그 울음에 해당하는 동물을 고릅니다. 4. 모든 울음 소리를 다 들은 후 한번 더 발음을 들으면서 전원이 해답을 맞추어 봅니다.

14. 가방 속에 뭐가 있을까?: 자기 가방 속에 있는 것과 친구 가방 속에 있는 것을 써서 비교합니다.
시간 45 분/ 1 년째 전기 이후/ 개인 작업으로 발표 후, 페어로 함/ 2 명 이상/ 준비: 학생의 소지품의 그림이나 사진, 도화지, 문방구(가위, 풀, 보드 등)
진행 방법   1. 학생이 가져 온 그림이나 사진을 잘라서 붙이면서 자기 소지품의 이름을 한국어와 일본어로 써서 소개할 보드를 만듭니다. 2. 소개할 보드가 완성되면 한 사람씩 가방 속에 뭐가 있는지를 발표합니다. 3. 페어를 만들어 서로의 소지품을 보고 다음과 같이 말합니다. (A 씨 가방에도~가/이 있어요.   A 씨 가방에는~가/이 없어요.)

15. 사랑이란 샤프펜: 「사랑이란 ○○」에서 ○○에 적절한 말을 생각합니다. 배운 단어 가운데에서 선택하여 다른 사람들로부터 공감을 많이 얻은 사람이 이깁니다.
시간 20 분/ 1 년째 후기 이후/ 그룹 대항/ 1 그룹 4 명, 2~3 그룹 /준비: A4 백지, B5 백지, 3x6 정도의 포스트잇
진행 방법   1. 한 그룹 4 명 그룹을 만들어한 그룹에 A4 용지 1 장과 포스트잇을 1 인당 2 장씩 배부합니다. 2. 「사랑이란 ○○」의 ○○ 부분에 들어갈 말을 교과서 등에서 자유롭게 찾아내 한 사람이 2 개씩 생각하도록 지시합니다. 3. 학생은 과제에 어울리는 단어를 정해서 포스트잇에 씁니다. 4. 포스트잇을 그룹의 용지에 붙이고 그룹 내에서 각자가 단어와 그 이유를 설명합니다. 재미있는 것을 4 개만 남기고 나머지 4 개는 떼어냅니다. 5. 발표

담당인 2사람 A와 B가 발표합니다. (학생 A: 사랑이란? 학생 B: 샤프펜! 다른 그룹의 학생: 왜요?) 학생 B는 이유를 일본말로 설명합니다. 6. 가장 반응이 좋았던 단어를 발표한 그룹을 우승자로 합니다. 7. 백지를 전원에게 배부합니다. 학생은 발표된 것 가운데 가장 공감이 가는 단어를 3개 골라서 그 이유를 씁니다. 다 쓰면 교사가 회수합니다.

16. 제스처 게임: 단어를 제스처로 표현합니다. 각 그룹에 제스처 담당자를 한 사람 정하고 나머지 학생이 단어를 알아맞춥니다.
시간 20분/ 1년째 전기 이후/ 그룹 대항/ 1그룹에 5명, 2~3그룹/ 준비: 출제용 단어 카드
[진행 방법] 1. 출제하는 단어의 범위를 제시하고 단어의 뜻과 발음을 확인합니다. 2. 1그룹 5명씩 그룹을 만듭니다. 그 중 한 사람을 제스처 담당자로 정합니다. 3. 1그룹씩 앞으로 나와서 실시합니다. (다른 그룹은 자리에 앉아서 봅니다) 제스처 담당자는 교사가 준비한 단어 카드를 보고 제스처로 그룹 멤버에게 단어의 뜻을 전합니다. 그룹의 나머지 멤버가 정답을 말하면 득점이 됩니다. 제한 시간 내에 5문제를 합니다. 4. 모든 팀이 끝나면 각 팀의 득점을 확인합니다. 득점이 가장 높은 팀이 이깁니다.

17. 스무 고개: 출제자가 단어를 하나 정하고, 해답자는 그 단어를 맞추기 위해 출제자에게 질문을 합니다.
시간 5~10분/ 1년째 전기 이후/ 페어 작업/ 2명 이상/ 준비: 메모 용지
[진행 방법] 1. 학생을 페어로 만든 후, 출제자를 정합니다. 2. 음식, 과일, 동물, 직업 등 교사가 장르를 지정합니다. 출제자는 그 장르의 단어 중 하나를 정해, 그것을 메모 용지에 쓴 후 감춥니다. 3. 해답자는 장르명을 「~예요/~이에요?」 형식으로 질문하고, 출제자는 「네」 또는 「아니에요」 만으로 대답합니다. (출제자: 음식이에요? 해답자: 아니에요 출제자: 동물이에요? 해답자: 네) 정답을 맞추면 다음으로 넘어갑니다. 4. 해답자는 「~예요/~이에요?」 형식으로 말하고, 출제자는 「네」 또는 「아니에요」 만으로 대답합니다. 출제자는 해답자가 질문한 횟수를 기록해 둡니다. 정답이 나오면 출제자와 해답자를 교대합니다. 5. 답을 맞출 때까지 질문 횟수가 적은 사람이 이깁니다.

18. 누구 눈이에요?: 유명인 사진의 일부만 보고 누구 얼굴인지 알아맞춥니다
시간 15분/ 1년째 전기 이후/ 그룹 대항/ 4명 이상/ 준비: 프린트
[진행 방법] 1. 학생을 3~4명의 그룹으로 나누어, 각 그룹에 프린트를 한

장씩 배부합니다. 2. 교사는 어떤 사람의 눈부분의 사진을 보여 주면서 「이것은 누구 눈이에요?」라고 질문합니다. 학생은 눈부분의 사진을 보면서 질문을 받기 때문에 「눈」이 눈이라는 것을 이해하게 됩니다. 학생은 배부된 프린트를 보면서 그룹끼리 의논하여 답을 안 그룹이 손을 듭니다. 3. 교사는 가장 먼저 손을 든 그룹을 지명합니다. 지명받은 그룹의 멤버는 전원이 입을 모아 「△△씨 눈이에요」라고 대답합니다. 4. 맞으면 → 그 그룹에게 1 점을 줍니다. 틀리면 → 그 그룹은 1 번 쉬고 다음 그룹에게 해답권이 넘어갑니다. 모든 그룹이 정답을 못 맞출 경우는 클래스 전원이 교사에게「누구 눈이에요?」라고 질문하고 교사는 「○○씨 눈이에요」라고 대답하고 다음 질문으로 넘어갑니다. 5. 질문이 모두 끝나면, 득점이 많은 그룹이 이깁니다.

19. 단어망: 한 단어에서 발상을 넓혀, 연상되는 단어를 거미줄처럼 써내려 갑니다.
시간 20 분/ 1 년째 전기말 또는 연도말/ 개인 작업/ 4 명 이상/ 준비: 백지
|진행 방법| 1. 백지를 한 장씩 배부합니다. 2. 교사는 칠판에 핵이 되는 단어를 하나 씁니다. 3. 학생은 배부된 백지에 칠판에 쓰인 단어를 옮겨 쓰고 그것에 동그라미를 칩니다. 거기에서 연상되는 단어를 계속 연결해서 써 갑니다. 핵이 되는 단어에서 복수의 단어을 연상해도 좋고 줄줄이 사탕처럼 단어에서 단어로 이어가도 좋습니다. 단어가 거미줄처럼 이어가는 것이 이상형입니다.

20. 카르타 놀이(개인 대항): 한 곳에 펼쳐 놓은 카드 가운데에서, 교사가 말한 카드를 누가 빨리 집어내는가를 경주하는 놀이입니다.
시간 15 분/ 1 년째 전기 이후/ 개인 대항/ 3 명 이상/ 준비: 그림 플래쉬 카드
|진행 방법| 1. 플래쉬 카드로 새 단어를 익힙니다. 모든 학생이 7~8 할 익혔을 때쯤(약 10 분 정도) 중지합니다. 카르타 놀이를 통해서 단어를 외우므로 미리 완벽하게 외우지 않아도 됩니다. 2. 전원을 4~5 명의 그룹으로 나누어 책상을 몇 개 모아서 장소를 만듭니다. 카드의 그림이 있는 면을 위로 해서 펼쳐 놓습니다. 3. 학생은, 교사가 한국어로 읽은 단어를 집어냅니다. 4. 단어 별로, 그룹이 카르타를 많이 집어냈을 때 그림 카드를 보여 주며 정답을 명시합니다. 4. 모든 단어를 다 읽으면, 각 그룹에서 가장 많이 집어낸 학생에게 손을 들게 하는 등, 승패를 확인하고 종료합니다.

21. 카르타 놀이(그룹 대항): 개개인이 경쟁하는 카르타가 아니라, 가장 빨리 카르타를 집어낸 그룹이 점수를 따게 되는 게임입니다.
시간 10 분/ 1 년째 전기 이후/ 그룹 대항/ 1그룹 4 명 이상, 그룹수 3 이상/ 준비: 단어 카드 세트

|진행 방법| 1. 학생 4 명을 한 그룹으로 만들어 각 학생에게 1~4 번호를 붙입니다. 책상을 몇 개 모아서 장소를 만들어 카드를 펼쳐 놓습니다. 2. 각 그룹의 1 번 학생이 교사가 읽는 카드를 집어냅니다. 가장 빨리 집어낸 학생이 소속된 그룹이 점수를 따게 됩니다. 그 다음 각 그룹의 2 번 학생이 카르타를 집어 냅니다. 이하 3 번 학생, 4 번 학생으로 넘어갑니다. 그리고 집어낸 카드는 제자리에 돌려 놓습니다. 3. 점수가 가장 높은 팀이 이깁니다.

22. 단어 찾기 시트: 제한 시간 내에 나열된 문자 가운데에서 아는 단어를 찾아냅니다.
시간 5 분/ 1 년째 전기 이후/ 개인 작업, 페어 작업, 그룹 작업/ 2 명 이상
준비: 워크 시트, 스톱 위치

|진행 방법| 1. 학생에게 워크 시트를 한 장씩 배부하고 단어찾는 방법을 설명합니다. 2. 학생들은 제한 시간 내에 숨은 단어를 찾습니다. 3. 제한 시간이 끝나면 학생을 한 명씩 지명하여 찾아낸 단어와 그 장소를 묻습니다. 가장 많은 단어를 찾아낸 학생이 이깁니다.

23. 하나 둘 바나나!: 동그랗게 둘러앉아 리듬에 맞추어 다른 학생의 이름을 부릅니다.
시간 10 분/ 1 년째 후기 이후/ 개인 대항/ 5~10 명/ 준비: 이름의 후보가 되는 과일명 단어

|진행 방법| 1. 의자를 둥글게 놓고 학생에게 앉도록 합니다. 과일 이름을 한 사람에 하나씩 붙입니다. 2. 「하나・둘・셋」리듬에 맞추어 시계 도는 방향으로 한 사람씩 자기에게 붙여진 이름을 발표합니다. 「하나」에서 양손으로 무릎을 치고, 「둘」에서 손뼉을 치고, 「셋」에서 오른손 엄지손가락으로 자기를 가리키면서 이름을 말합니다. 전원 자기 소개가 끝나면 게임을 시작합니다. 3. 자기 소개와 같은 식으로 「하나・둘・셋」리듬에 맞추어 게임을 진행합니다. 교사가 첫번째 사람을 지명합니다. 지명받은 사람은 「셋」에서 오른손 엄지손가락으로 다른 학생을 가리키면서 그 학생의 이름(과일명)을 말합니다. 리듬에 맞추어 다른 사람의 이름을 말하지 못했을 경우에는 「죄송합니다」라고 말합니다. 교사는 그 횟수를 메모해 둡니다. 4. 게임을 재개할 때는 이름을 옆자리로 한 칸씩 옮겨서 외우게

합니다. 이번에는 전에 멈추었던 학생부터 시작합니다. 5. 적당한 곳에서 종료합니다. 「죄송합니다」를 말한 횟수가 가장 적은 학생이 이깁니다.

24. 빙고!: 교사가 단어를 읽으면 학생은 가지고 있는 빙고 시트에서 그 단어를 찾아내 표시를 합니다. 종·횡·사선 방향 중 어느 한 줄에 표시를 빨리 한 사람이 이기는 게임입니다.
시간 5~15 분/ 1 년째 전기 이후/ 개인 대항, 그룹 대항/ 2 명 이상 / 준비: 빙고 시트, 단어 리스트
진행 방법   1. 빙고에서 사용할 단어를 확인하고 익힙니다. 2. 빙고 시트를 학생에게 한 장씩 배부합니다. 학생은 좋아하는 단어 16 개를 자유롭게 칸에 써 넣습니다. 단어는 교과서나 단어 리스트를 보면서 한글로 써 넣습니다. 3. 교사가 단어를 한국어로 읽습니다. 학생은 빙고 시트에서 그 단어를 찾아내 표시를 합니다. 4. 종·횡·사선 방향 중 한 줄 모두 표시를 한 학생이 빙고입니다. 빙고가 된 학생이 이깁니다. 5. 게임이 끝나면 빙고 시트에 각 단어의 뜻을 쓰게 합니다. 교사가 시트를 회수하여 체크합니다.

25. 위입니까? 아래입니까?: 출제자가 정한 숫자를 나머지 학생이 맞춥니다. 출제자는 「네.」 또는 「아니요.」만으로 대답합니다.
시간 10 분/ 1 년째 전기/ 개인 대항/ 2 명 이상 /준비: 숫자를 메모할 종이
진행 방법   1. 이 활동에서 사용할 표현을 확인합니다. 질문은 다음의 두 가지 방법으로 합니다. 「3 보다 위입니까?」「3 보다 아래입니까?」대답은 다음의 두가지 방법으로 합니다. 「네, 그렇습니다.」「아니요, 아닙니다.」 2. 교사가 출제할 숫자의 범위를 정합니다. 출제자는 숫자를 메모 용지에 써서 덮어 둡니다. 3. (해답자: 「8 보다 위입니까?」 출제자: 「네, 그렇습니다.」 해답자: 「9 입니까?」 출제자: 네, 그렇습니다.」) 정답이면 점수를 따고 출제자를 교대합니다. 틀렸으면 다음 해답자에게 순서가 돌아갑니다. 4. 전원이 같은 횟수로 출제가 끝나면 점수를 비교합니다. 가장 점수가 높은 학생이 이깁니다.

26. 한국의 기념일 : 한국의 기념일이 언제인지, 무슨 날인지에 관해서 워크 시크를 보면서 교사의 질문에 대답합니다.
시간 50 분/ 1 년째 전기 이후/ 개인 작업/ 1 명 이상/ 준비: 워크 시트
진행 방법   1. 한국 기념일 일람표의 워크 시트를 배부합니다. 2. 교사가 날짜를 읽고, 학생이 무슨 날인지 대답합니다. 또는 교사가 기념일을 읽고, 학생이 날짜를 대답합니다. 페어 작업이나 그룹 작업으로 한다면 빨리

대답한 팀에게 점수를 줍니다. 3. 교사가 그 기념일에 대한 설명을 하고 끝냅니다.

27. 세 사람 모이세요!: 교사가 지시한 인원수의 그룹을 만듭니다. 그룹에 끼지 못한 사람은 탈락됩니다.
시간 10 분/ 1 년째 전기/ 개인 대항/ 10 명 이상/ 준비: 책상 등이 없는 넓은 장소
진행 방법 1. 넓은 장소를 만들어서 학생들을 자유롭게 서 있게 합니다. 2. 교사가 「○○ 사람!」「○○ 사람 모이세요!」라고 말합니다. 3. 학생은 제한 시간 내에 교사가 지시한 인원수의 그룹을 만듭니다. 4. 각 그룹의 인원수를 확인하고 그룹에 끼지 못한 사람은 탈락됩니다. 또한 지시한 대로의 인원수가 아닌 그룹도 전원 탈락됩니다. 5. 마지막까지 남은 그룹이 이깁니다.

28. 사칙 연산: 한국어로 사칙 연산을 합니다.
시간 40 분/ 1 년째 전기/ 개인 작업/ 1 명 이상/ 준비: 사칙 연산의 카드, 워크 시트
진행 방법 1. 칠판에 사칙 연산의 카드를 붙이고 읽는 법을 확인합니다. 「더하기」「빼기」「곱하기」「나누기」 2. 전원이 예제를 풉니다. 「이 곱하기 사는 팔」 3. 학생에게 워크 시트를 한 장씩 배부합니다. 학생은 각자 문제를 풉니다. 4. 대부분의 학생이 문제를 풀면 교사가 학생을 지명합니다. 지명된 학생은 한 문제씩 문제와 정답을 읽습니다. 같은 문제를 2~3 명의 학생에게 대답하게 하여 맞는지를 확인하고 전원이 복창합니다. 5. 사칙 연산을 전원이 재확인합니다. 워크 시트는 교사가 확인하여 체크합니다.

29. 숫자 카드 놀이: 숫자 카드로 카르타 놀이를 합니다.
시간 5~10 분/ 1 년째 전기 이후/ 개인 대항/ 4 명 이상/ 준비: 숫자 카드
진행 방법 1. 사용할 고유 숫자(하나, 둘, 셋…)를 외웁니다. 2. 한자어 숫자(일, 이, 삼…)를 위로 해서 카드를 펼쳐 놓습니다. 3. 교사가 고유 숫자(하나, 둘, 셋…)를 말합니다. 학생은 교사가 말하는 숫자의 한자어 숫자가 써여 있는 카드를 찾아 뒷면의 고유 숫자를 말합니다. 맞게 말한 학생이 카드를 가지게 됩니다. 4. 카드를 많이 가지게 된 학생이 이깁니다.

30. 몇 시예요? : 학생들끼리 시계를 이용해서 몇 시인지 문제를 출제하고 답을 맞춥니다.

시간 20분/ 1년째 전기 이후/ 개인 작업/ 1명 이상/ 준비: 워크 시트
진행 방법 1. 학생에게 워크 시트를 배부합니다. 2. 다른 학생이 풀 문제를 만듭니다. 홀수 번호의 시계에 좋아하는 시각의 시계 바늘을 그리고 짝수 번호의 시계 아래 난에는 좋아하는 시각을 한글로 씁니다. 3. 문제를 다 만들었으면 회수하여 짝수 번호의 문제의 한글이 틀리지 않았는지 교사가 체크를 한 후, 문제를 만든 학생이 아닌 학생에게 배부합니다. 4. 문제 용지를 받은 학생은 문제를 풉니다. 시계 바늘에는 한글로 시각을 쓰고, 한글로 쓰여진 시각에는 시계 바늘을 그립니다. 교사가 회수하여 체크합니다.

31. 사전 찾기: 단어 일람표에 제시된 단어를 사전에서 찾아 그 뜻에 해당하는 일본어가 쓰여진 워크 시트의 칸에 표시를 합니다. 일람표의 단어를 모두 찾아 표시를 하면 표시한 부분이 글자로 나타나는데 그 글자를 빨리 정확하게 발견하는 게임입니다.
시간 30분/ 1년째 전기/ 개인 작업/ 1명 이상/ 준비: 워크 시트, 사전
진행 방법 1. 학생에게 워크 시트를 배부합니다. 2. 학생은 워크 시트에 있는 단어 뜻을 사전에서 찾아, 그 칸을 칠합니다. 워크 시트에 칠한 부분에 나타나는 글자가 무슨 글자인지 알아냅니다. 3. 시간을 정해서 워크 시트를 제출하도록 합니다. 정답 여부를 체크합니다.

32. 신문도 읽을 수 있어요 : 한국어로 된 신문이나 잡지 기사에서 정해진 수의 단어를 찾아 씁니다. 또 그 단어의 뜻도 추측해 봅니다.
시간 10~20분/ 1년째 전기 이후/ 개인 작업, 그룹 작업/ 1명 이상/ 준비: 한국어로 된 신문이나 잡지, A4 백지
진행 방법 1. 학생을 4~5명의 그룹으로 나누어 백지를 한 그룹에 1장씩 배부합니다. 2. 한국어로 된 신문이나 잡지를 각 그룹에 8~15장 정도 나누어 줍니다. 3. 배부된 자료에서 정해진 수의 단어와 그 뜻을 추측해서 씁니다. 4. 다 썼으면 교사가 체크합니다.

33. 태풍 이름: 태풍 이름을 읽으면서 한국어에 친숙해집니다.
시간 10분/ 1년째 전기 이후/ 개인 작업/ 1명 이상/ 준비: 워크 시트
진행 방법 1. 워크 시트를 배부합니다. 2. 태풍에는 「~호」 외에도 다른 이름이 붙여진다는 것을 설명합니다. 3. 교사가 태풍 이름을 발음합니다. 4. 교사가 발음한 태풍 이름을 어군에서 찾아서 워크 시트에 태풍 이름을 한글로 쓰고 일본어로 그 뜻도 씁니다. 5. 정답 확인을 합니다. 워크 시트는

교사가 회수하여 체크합니다.

34. 어느 나라예요?: 한글로 쓰여진 나라 이름을 지식과 감으로 읽고 지도상에 해당하는 위치에 베껴씁니다.
시간 15 분/ 1 년째 전기 이후/ 개인 작업/ 1 명 이상/ 준비: 워크 시트
진행 방법 1. 교사는 다음과 같이 설명합니다. 「지도 아래에 있는 단어는 모두 지도의 공란에 들어갈 나라 이름입니다. 단어를 소리를 내어 읽어 보고, 어느 나라인지 생각해 봅시다. 먼저 3 글자로 된 것부터 읽어 보세요」 2. 학생은 각자 워크 시트에 쓰여진 단어를 읽고, 나라 이름을 알았으면 지도의 공란에 씁니다. 모르는 것은 추측해서 써 넣습니다. 학생이 한글을 못 읽는다든지 나라의 위치를 몰라서 못 하는 경우에는 교사가 적절히 힌트를 줍니다. 3. 대부분의 학생이 다 했다 싶을 때 전원이 같이 답을 확인합니다.

35. 빨리! 빨리!: 2 그룹으로 나누어 단어 카드를 빨리 정확하게 읽는 게임입니다.
시간 10~15 분/ 1 년째 전기 이후/ 그룹 대항/ 1 그룹 5 명 정도, 2 그룹/ 준비: 단어 카드
진행 방법 1. 교실 뒤쪽에 책상을 준비해 카드를 펴 놓습니다. 2. 학생을 2 그룹으로 나눕니다. 3. 교실 앞쪽에서 각 팀의 멤버 1 명씩 동시에 뒤쪽에 달려가서 책상 위의 카드 1 장을 교실 앞쪽으로 가지고 옵니다. 4. 가지고 온 카드를 교사 앞에서 크게 읽습니다. 5. 바르게 읽으면 교사 앞의 책상 위에 카드를 놓고 그룹의 다음 순서인 학생이 교대해서 뒤쪽으로 달려갑니다. 틀리게 읽으면 카드를 뒤쪽의 책상에 되돌리고 다른 카드를 가지고 와서 읽습니다. 카드가 모두 없어질 때까지 3 번, 4 번을 반복합니다. 6. 카드가 모두 없어지면 양그룹이 읽은 카드를 「하나, 둘, 셋···」전원이 같이 세어서 많은 쪽이 이긴 팀입니다.

36. 한글 넘버 프레스: 한글 자모음의 넘버 프레스를 완성시킵니다.
시간 30~50 분/ 1 년째 전기 이후/ 개인 작업/ 1 명 이상/ 준비: 워크 시트
진행 방법 1. 학생에게 워크 시트를 한장씩 배부합니다. 2. 종횡의 각각 1 줄 또는 실선으로 구분한 9칸에 같은 자모가 들어가지 않도록 워크 시트의 빈 칸을 채웁니다. 3. 학생이 워크 시트의 빈 칸을 다 채우면 교사가 체크합니다.

37. 한글 퍼즐 : 단어를 십자 퍼즐처럼 맞춥니다.
시간 15~30 분/ 1 년째 전기 이후/ 개인 작업/ 3 명 이상/ 준비: 워크 시트
진행 방법 1. 학생 1 인당 워크 시트 한장씩 배부하고 퍼즐을 푸는 방법을 설명합니다. 2. 빈 칸에 맞는 글자수의 어군에서 이미 채워져 있는 글자수를 힌트로, 적절한 단어를 찾아 씁니다. 3. 빈칸을 다 채우면 교사가 정답 체크를 합니다.

38. 한글 법칙 찾기 : 한글과 히라가나로 쓰여진 현이름 하나만 보고 그것을 힌트로 한글만으로 쓰여진 □□府県 이름을 해독합니다. 자모가 나타내는 음을 추측하여 자모의 표를 완성시킵니다.
시간 5~30 분/ 1 년째 전기/ 개인 작업/ 1 명 이상/ 준비: 워크 시트
진행 방법 1. 학생에게 워크 시트를 배부합니다. 2. 한글자모를 배우지 않은 학생을 대상으로 해야 이 활동의 의미가 있으므로 한글자모를 설명하면 안됩니다. 교사는 다음과 같이 설명합니다. (「일본의 □□府県 이름을 한글로 쓴 것입니다. 한글의 한 글자가 히라가나 한 글자에 해당됩니다. 힌트의 현이름을 참고로 다른 현의 이름도 읽어 보세요. 어느 글자가 어떤 음인지 이해가 되었으면 워크 시트에 적으세요.」) 3. 학생은 워크 시트에 쓰여진 □□府県 이름을 해독하여 각각의 자모가 나타내는 음을 표에 기입합니다. 4. 표를 완성하면 교사가 체크합니다.

39. 한글 읽고 쓰기: 한글로 쓰여진 일본어를 히라가나로 쓰고 히라가나로 쓰여진 일본어를 한글로 바꾸어 씁니다.
시간 15~30 분/ 1 년째 전기 이후/ 개인 작업/ 1 명 이상/ 준비: 워크 시트
진행 방법 1. 학생 1 인당 워크 시트 1 장씩 배부합니다. 2. 워크 시트에 쓰여진 일본어를 읽고 한글로 쓰여져 있는 것은 히라가나로, 히라가나로 쓰여져 있는 것은 한글로 바꾸어 씁니다. 3. 워크 시트에 모두 쓴 학생은 교사가 체크합니다.

40. 이야기 순서 바로하기: 일본의 옛날 이야기를 한글로 표기한 이야기의 일부분을 한 사람씩 소리를 내어 읽어 가면서 그룹의 전원이 이야기 줄거리가 연결되도록 순서를 바로 합니다.
시간 30 분/ 1 년째 전기 이후/ 그룹 대항/ 10 명 이상/ 준비 : 해답 용지, 단사쿠 세트
진행 방법 1. 학생을 10 명의 그룹으로 나눕니다. 각 그룹에 A~J 의 단사쿠 세트를 배부합니다. 2. 그룹 내에서 1 인당 1 장씩 A~J 의 단사쿠를

배부합니다. 이 때 단사쿠의 내용은 보지 않도록 주의를 줍니다. 3. 학생은 자기 담당의 단사쿠만 읽습니다. 4. 자기 단사쿠의 기호를 말하고 단사쿠에 쓰여진 문장을 그룹 안에서 발표합니다. 5. 그룹 멤버가 합동으로 단사쿠를 옛날이야기 순서대로 맞춥니다. 6. 순서대로 한 것을 해답 용지에 적어서 교사에게 정답을 확인합니다.

41. 내 자리는 어디? : 한글과 히라가나로 이름이 쓰여진 카드를 힌트로 한글만으로 쓰여진 좌석표를 보고 자기 자리를 찾아갑니다.
시간 5~10분/ 1년째 전기(한글 도입할 때)/ 개인 작업, 그룹 작업/ 3명 이상/
준비: 좌석표, 이름 카드, 자석
진행 방법   1. 학생 자리를 정하지 말고 임의의 자리에 앉힙니다. 2. 이름 카드를 칠판에 순서없이 붙입니다. 3. 학생 이름이 한글로 쓰여진 좌석표를 배부합니다. 4. 학생은 칠판에서 이름 카드를 찾아 좌석표와 맞추어 보고 지정된 좌석으로 이동합니다. 5. 학생은 자기 이름을 수업용 노트의 표지에 한글로 베낍니다.

42. 시 낭독 : 시를 낭독하고, 그 낭독을 학생들끼리 평가하도록 합니다
시간 50분/ 1년째 후기/ 개인 작업/ 1그룹 4명 / 준비: 시 프린트, 평가 시트
진행 방법   1. 학생에게 시 프린트와 평가 시트를 배부합니다. 2. 전원 시 읽기를 연습한 후에 각자 낭독 연습을 합니다. 발음뿐만 아니라 평가 항목을 생각하면서 연습합니다. 3. 한 사람씩 앞에 나와서 시를 낭독합니다. 다른 학생들은 평가 항목에 따라 발표를 평가합니다. 4. 평가 시트를 회수하고 집계합니다. 평가가 가장 좋은 학생에게 상을 줍니다.

43. 달리는 받아쓰기: 그룹의 각 멤버가 각각 역할을 분담하여 교사가 내는 문제를 협력하여 답을 맞춥니다. 제일 먼저 모든 문제를 푼 그룹이 이깁니다.
시간 30~50분/ 1년째 후기 이후/ 그룹 대항/ 1그룹 4명 /준비 : 체크 시트, 개인 시트, 텍스트, 문제
진행 방법   1. 그룹으로 나누어(4명이 한 그룹), 체크 시트와 개인 시트를 배부합니다. 체크 시트의 각 문제 아래에 그 문제를 담당한 학생의 이름을 씁니다. 2. 1번 문제를 담당한 학생이 교사 A에게 갑니다. 교사 A가 질문을 하고 학생을 잘 듣습니다. 3. 학생은 그룹으로 돌아가서 들은 질문을 멤버에게 전달합니다. 그룹 전원이 텍스트를 읽고 의논하여(텍스트 안에 답이 들어 있습니다.) 답을 찾아 각자 개인 시트의 1번 문제에 그 질문과 대답을 한글로 씁니다. 4. 1번 문제를 담당한 학생은 답을 기억하여 정답

체크 담당교사 B 에게 체크 시트만을 가지고 가서 질문에 대한 답을 말합니다. 정답이면 사인을 받고 2 번 문제로 넘어갑니다. 틀리면 학생은 그룹으로 돌아가서 새로 답을 고쳐 옵니다. 5. 어느 한 그룹이 모든 문제를 다 해결하면 그 시점에서 게임이 끝납니다.

44. 일기 예보 : 신문의 일기 예보를 보고 각지의 날씨, 기온을 읽어 봅니다. 또 그 내용을 발표합니다.
시간 **50** 분/ 1 년째 후기 이후/ 개인 작업/ 1 명 이상/ 준비: 한국 신문의 일기 예보란, 워크 시트
|진행 방법| 1. 학생에게 신문의 일기 예보란 복사한 것과 워크 시트를 1 장씩 배부합니다. 2. 기후에 관한 어휘와 표현을 전원이 확인합니다. 3. 학생은 신문 기사를 보면서 각지의 날씨를 워크 시트에 씁니다. 4. 정답 맞추기(교사: A 씨, 서울 날씨가 어때요?/ 학생 A: 비가 와요. 교사: 최고 기온은 몇 도예요? 학생 A: 27 도예요) 5. 일기 예보에 관한 어휘를 확인합니다. 워크 시트는 교사가 회수하여 체크합니다.

45. 말 전달 게임 : 구두로 전달하는 방법과 더불어 문자도 사용하여 전달하는 게임입니다.
시간 **20** 분/ 1 년째 전기 이후/ 그룹 대항/ 1 그룹 4 명, 그룹수 2~3 그룹/ 준비: 단어 카드, 단어 일람표, 백지
|진행 방법| 1. 게임에서 사용할 단어의 일람표를 배부하고, 발음과 철자를 확인합니다. 2. 그룹을 만들어(1 그룹 4 명 정도) 각 그룹별로 종대로 줄을 세워 자리에 앉힙니다. 3. 교사가 각 그룹의 선두 학생 A 에게 그룹별로 각각 다른 단어 카드를 보여 줍니다. 카드를 학생에게 건네지 않고 그 자리에서 기억하도록 합니다. 4. 학생은 발음 또는 글자로 다음 학생에게 그 단어를 전달합니다. 마지막 학생은 전달된 단어를 칠판에 씁니다. 5. 교사로부터 전달받은 단어 카드와 같은 단어를 쓴 그룹의 학생 D 가 제일 앞으로 옮겨, D,A,B,C 의 순서가 되도록 자리를 이동하여 다음 문제로 넘어갑니다. 단어를 틀리게 쓴 경우는 같은 단어로 2 번 순서부터 다시 합니다. 6. 제한 시간 내에 가장 많은 단어를 전달한 그룹이 이깁니다.